Fisch

Fisch

80 der besten Rezepte

Joanna Farrow

UMSCHAU

Hinweise

Die in diesem Buch verwendeten Löffelmaße beziehen sich auf gestrichene Standardlöffel:

1 Esslöffel (EL) = 15 ml

1 Teelöffel (TL) = 5 ml

Einige Gerichte enthalten rohe oder nur leicht gegarte Eier. Schwangere, stillende Frauen, Kranke, Babys und kleine Kinder sowie ältere Menschen sollten diese Gerichte meiden. Einmal zubereitet sollten sie gekühlt aufbewahrt und rasch verzehrt werden.

Einige Gerichte enthalten Nüsse, Mandeln oder Ähnliches. Menschen, die überempfindlich oder allergisch auf Nüsse reagieren, oder solche, die Gefahr laufen, eine Allergie zu entwickeln, wie ältere Menschen, Babys, Kinder, Schwangere und stillende Frauen, sollten auf Nüsse und Nussöle verzichten. Außerdem empfehlen wir, die Packungsangaben von vorgefertigten Zutaten sorgfältig zu lesen, weil hier möglicherweise Nüsse, Mandeln oder Ähnliches enthalten sein können.

Backöfen sollten auf die angegebene Temperatur vorgeheizt werden. Bei Heißluftöfen bitte die Herstellerangaben zur Anpassung der Temperatur berücksichtigen.

Die Ratschläge in diesem Buch sind von den Autoren und dem Verlag sorgfältig erwogen und geprüft, dennoch kann eine Garantie nicht übernommen werden. Eine Haftung der Autoren und des Verlages für Personen-, Sach- und Vermögensschäden ist ausgeschlossen.

First published in Great Britain in 2007 by Hamlyn,
a division of Octopus Publishing Group Ltd
2–4 Heron Quays, London E14 4JP

Übersetzung
Laura Willenbücher
Satz
Gerda Günther, posi.tiff Dienstleistungen GmbH

Printed in China

ISBN: 978-3-86528-286-6

Besuchen Sie uns im Internet:
www.umschau-buchverlag.de

Inhalt

Einleitung *Mit am meisten reizt an der Zubereitung von Fisch, dass sie so schnell und unglaublich einfach ist. Fantastische Fischgerichte lassen sich schon mit einigen guten Grundzutaten und natürlich durch die Verwendung von frischestem Fisch zaubern.*

Dennoch scheuen sich viele mit Fisch zu kochen und neigen eher dazu, „risikolose" Gerichte zuzubereiten, anders als sie es vielleicht mit Fleisch oder bekannten Fischsorten tun würden. Die Zubereitung eines ganzen Schnappers, der uns von der Fischtheke her ansieht, scheint viel kniffliger zu sein, als die eines saftigen Kabeljaufilets.

Angesichts der Überfischung und Gefährdung einiger der beliebtesten Fischarten müssen wir aber – vor allem bei der großen Auswahl, die uns zur Verfügung steht – experimentierfreudiger werden. Es gibt zahlreiche unterschätzte Fischsorten, die es verdienen, dass man ihnen etwas Kochkunst angedeihen lässt. Mit diesem Buch wollen wir sowohl angehende Fischköche inspirieren als auch denjenigen, die mit der Fischzubereitung vertraut sind, neue Ideen bieten.

Einkauf

Bei der Planung eines Fischmenüs kann leicht frustrierend sein, dass Sie sich außer bei gängigen Arten oft nicht sicher sein können, den Fisch Ihrer Wahl zu bekommen, anders als das bei Fleisch in der Regel der Fall ist. Daher kann es sich lohnen, 2–3 Tage im Voraus zu bestellen oder mit mehreren Rezeptideen zum Fischhändler zu gehen.

Darüber hinaus muss der Fisch absolut frisch sein, weswegen Sie unbedingt bei einem guten Fischhändler einkaufen sollten. Suchen Sie sich einen Qualitätsfischhändler in Ihrer Umgebung oder gehen Sie zu dem Supermarkt, dessen Auslage in der Fischabteilung am frischesten aussieht. Treffen Sie Ihre Wahl nach der Frische der Ware. Während der Fischhändler den Fisch für Sie zubereitet, können Sie weitere Zutaten für Ihr Menü besorgen.

Wählen Sie Fisch mit klaren Augen – sie sollten nicht eingesunken, matt oder trüb sein – und glänzenden Schuppen aus. Der Fisch, im Ganzen oder filetiert, sollte frisch und fest und nicht schlaff, grau und faserig aussehen. Besonders vorsichtig beim Kauf von öligem Fisch wie Makrelen, Sardinen und Heringen sein, er verdirbt besonders schnell.

Nachhaltiger Fischfang

Die verschiedenen Fischarten sind nicht immer gleichermaßen verfügbar und die Notwendigkeit, ethische Standards beim Fischfang zu respektieren, bedeutet für uns als Verbraucher, dass wir zur Zukunft der Fischereiindustrie einen Beitrag leisten können, insbesondere durch unser Einkaufsverhalten. Kaufen Sie viele verschiedene Fischarten – schließlich ist die Auswahl unglaublich groß. Verpackungsinformationen liefern nützliche Angaben darüber, wie und wo der Fisch gefangen wurde und ob er aus einem nachhaltigen Bestand stammt. Ihr Fischhändler gibt ebenfalls Auskunft, ob der Fisch aus gut überwachten, nachhaltigen

Beständen kommt. In der Tabelle auf Seite 16 finden Sie alternative Vorschläge für Fischarten, die derzeit möglicherweise nur begrenzt zur Verfügung stehen.

Aufbewahrung

Wenn möglich sollten Fisch und insbesondere Schalentiere am Tag des Einkaufs zubereitet werden. Im Alltag ist das oft nicht praktikabel. Wenn der Fisch wirklich frisch ist, ist daher auch der folgende Tag noch akzeptabel.

Sobald Sie den Fisch zu Hause haben, sollten Sie ihn, falls noch nicht geschehen, ausnehmen und alle anderen „schmutzigen" Arbeiten vornehmen, wie etwa das Schuppen . Spülen Sie den Fisch oder die Filets kurz ab und entfernen Sie alle Blutspuren, weichen Sie den Fisch aber nicht in Wasser ein, weil er so sein Aroma verliert. Fertig vorbereiteten Fisch sollten Sie vollständig auspacken, in einer flachen Schale lose mit Frischhaltefolie abdecken und in der unteren Hälfte des Kühlschranks aufbewahren.

Schalentiere wie Muscheln und Austern sollten geputzt und bis zur Zubereitung am selben Tag gekühlt werden. Gekochte Meeresfrüchte können Sie über Nacht aufbewahren.

Tiefkühlen

Fisch sollte nur mit Vorsicht tiefgekühlt werden. Seeteufel, Lachs und Seezunge etwa gefrieren roh gut, andere Arten wie Scholle, Wolfsbarsch, Schnapper und öliger Fisch jedoch nicht. Fisch, der für mehr als drei Monate in der Tiefkühltruhe war, ist oft schwammartig, zäh und wässrig.

Vorbereitung *Fisch aus dem Supermarkt oder vom Fischhändler ist meist bereits fertig für die Zubereitung und benötigt nur wenig Vorbereitung. Ein guter Händler kann für Sie das Ausnehmen und Filetieren vornehmen. Das dauert einen Moment, weswegen Sie schon vorher Bescheid geben sollten, damit der Fisch für Sie vorbereitet wird. Lassen Sie sich Gräten und Abschnitte für die Zubereitung von Fischbrühe mitgeben. Das geht ganz einfach, dauert nicht lang und schmeckt viel besser als Fertigprodukte. Einmal zubereitet lässt sich Fischbrühe gut einfrieren.*

Und so gehen Sie mit einem Fisch im Ganzen um:

Putzen

Wenn Sie einen ganzen Fisch servieren, schneiden Sie besser die Flossen mit einer Küchenschere ab, vor allem bei solchen mit Stacheln wie Schnapper oder Barsch. Den Schwanz ganz lassen.

Schuppen

Nicht jeder Fisch muss geschuppt werden, Makrelen, Hering, Scholle und Rotzunge etwa nicht, ihre Haut ist sehr glatt. Zum Testen einfach mit den Fingern sanft von der Schwanzflosse zum Kopf streichen. Andere Arten wie Wolfsbarsch, Schnapper, Brassen und Seezunge sollten unbedingt geschuppt werden.

Beim Schuppen fliegen diese gern in alle Richtungen. Daher am besten den Fisch in einem Beutel oder unter einer Zeitung im Waschbecken schuppen. Fisch von der Schwanzflosse zum Kopf hin mit einem Messer mit breiter Schneide nahe an der Haut entlang abschaben. Fisch wenden, die zweite Seite schuppen und unter kaltem Wasser abspülen.

Häuten

Ob man filetierten Fisch mit oder ohne Haut serviert, hängt von der persönlichen Vorliebe und vom Rezept ab. Ein dickes Filetstück gebratener Kabeljau oder Barsch schmeckt gut mit Haut, für Eintöpfe oder Currys muss die Haut abgelöst werden.

Filetstück mit der Hautseite nach unten auf ein Schneidebrett legen und das Schwanzende mit einer Hand festhalten. Mit einem Messer zwischen Fleisch und Haut mit einer sägenden Bewegung möglichst nah an der Haut entlangfahren, um nicht zu viel zu verschwenden. Manchmal hilft es, die Hand, mit der man den Fisch festhält, mit etwas Salz einzureiben, damit er nicht wegrutscht.

Plattfische haben am dickeren Filetende eine schwärzliche Färbung, die man aber leicht mit etwas Salz wegrubbeln kann.

Plattfische im Ganzen häuten

Plattfische können Sie nach Belieben vor dem Grillen, Braten oder Backen häuten. Dafür die Flossen auf beiden Seiten mit einer stabilen Schere abtrennen. Ein kleines Stück Haut am Schwanzende ablösen und mit dem Messer unter die Haut fahren, sodass Sie sie zu fassen bekommen. Finger in Salz tauchen, Ende mit einer Hand halten und die Haut mit der anderen mit einem Ruck Richtung Kopf abziehen. Am Kopf abschneiden und mit der anderen Seite wiederholen.

Ausnehmen

Mit einem scharfen Messer die Unterseite des Fischs vom Kopf bis zum Ende der Bauchhöhle öffnen. Möglichst viele Innereien entfernen. Über einem Plastikbeutel oder Backpapier arbeiten, dann geht das Putzen später schneller. Fisch unter fließendem kalten Wasser abspülen, bis er vollständig sauber ist und alle Blutspuren entfernt sind.

Einkerben

Mit Einkerbungen sieht der Fisch nicht nur besser aus, wenn er gegrillt oder gebraten ist, sondern er nimmt so auch das Aroma von Marinaden oder Saucen besser auf.

Kerben Sie den Fisch mit einem scharfen Messer auf jeder Seite diagonal ein. Wahlweise kreuzförmige Muster machen.

Rundfische filetieren

Fisch auf ein Schneidebrett legen. Filet am Kopfende bis zum Rückgrat durchtrennen. Messer drehen und am Rücken entlangschneiden, dabei das Messer eng an einer Seite der Mittelgräte führen. Längs ganz aufschneiden und am Schwanz abtrennen. Ebenso mit der anderen Seite verfahren.

Plattfische filetieren

Fisch flach auf ein Brett legen. Mit einem langen, schmalen Messer, möglichst einem Filetiermesser, um den Kopf herum schneiden. Am Rückgrat entlang einen Schnitt zur Mitte des Fisches hin machen. Messer in der Kerbe ansetzen (am Kopf anfangen) und flach am Rückgrat entlang bis zum Schwanzende führen, dabei das abgelöste Filet mit der anderen Hand halten. Filet so vollständig ablösen. Messer so nah wie möglich an der Mittelgräte führen, um nichts zu verschwenden. Mit dem danebenliegenden Filet ebenso verfahren. Fisch drehen und übrige Filets ablösen.

Kleine ganze Fische entgräten

Kleine ganze Fische wie Heringe oder kleine Makrelen essen sich entgrätet viel leichter. Hierzu den Kopf des ausgenommenen Fischs abschneiden. Aufgeklappt flach auf einem Brett ausbreiten, Hautseite nach oben. An der Mittelgräte entlang fest andrücken, um die Fasern zu lösen. Sie werden merken, dass dies unter dem Druck geschieht. Fisch wenden und Mittelgräte mit einem Ruck ablösen und am Schwanzende abschneiden.

Fleischgräten entfernen

Die meisten einzelnen Gräten befinden sich am Kopfende des filetierten Fischs. Gräten mit den Fingern ertasten, mit einer Pinzette fest packen und herausziehen.

Seeteufel entgräten

Seeteufel hat eine dicke zentrale Mittelgräte, die leicht entfernt werden kann, indem man das Messer an einer Seite der Gräte entlangführt, um das Filet zu lösen. Auf der anderen Seite ebenso verfahren. Die Filets sind gewöhnlich von einer dicken Membran umschlossen, die den Fisch beim Garen zäh macht. Membran daher mit einem Messer vorsichtig entfernen.

Stockfisch einweichen

Wählen Sie beim Kauf von Stockfisch dicke Stücke statt dünne, die eher an Pappe erinnern. Fisch in einer großen Schüssel mit kaltem Wasser 2–3 Tage einweichen. Wasser mehrmals täglich wechseln. Der Fisch kann bei Raumtemperatur eingeweicht werden. Bei sehr heißem Wetter die Schüssel aber besser in den Kühlschrank stellen.

Vorbereitung von Schalentieren und Kopffüßlern

Schalentiere lassen sich nicht so gut wie andere Fischarten aufbewahren und werden am besten am Tag des Einkaufs zubereitet. Heute werden sie meist gekocht angeboten. Geschmacklich lohnt es sich aber, rohe zu kaufen und sie selbst zu kochen. Tintenfische und Kalmar sind Kopffüßler.

Garnelen

Rohe wie gekochte Garnelen werden vorbereitet, indem man den Kopf abbricht und die Schalen abpellt. Für einen Salat kann man die Schwänze dranlassen, wenn man sie anderen Zutaten beimischt, sollte man sie entfernen. Um den schwarzen, fadenartigen Darm, der am Rücken oder der Unterseite großer Garnelen verläuft, zu entfernen, einen schmalen Schnitt machen und ihn dann herausziehen.

Jakobsmuscheln

Sie werden in der Regel ausgelöst angeboten, Sie können das aber auch ganz einfach selbst machen. Dazu mit der flachen Schalenseite nach oben auf ein Brett legen und mit einem stabilen Messer vorne, wo die Muschel sich öffnen lässt, zwischen die Schalen fahren. Gegen die flache, obere Schale fahren, um das Fleisch abzulösen. Alles außer dem weiß-korallfarbenem Muskelfleisch wegwerfen.

Tintenfisch

Tintenfisch ist fleischiger als Kalmar und hat innen einen langen, flachen Kalkschulp. Dieser wird am einfachsten entfernt, indem man den Fisch längs aufschneidet und ihn mit den Innereien herausnimmt. Ansonsten wie Kalmar zubereiten (siehe nebenstehend).

Miesmuscheln

Muscheln in kaltem Wasser waschen, um den Sand zu entfernen. Fransen mit einem Messer abschneiden und Bärte (die algenartigen Fäden, die die Muscheln benutzen, um sich an Steinen und Tauen festzuhängen) ablösen. Beim Putzen darauf achten, dass alle Schalen ganz sind. Rissige und beschädigte wegwerfen. Alle offenen Muscheln sollten sich schließen, wenn man sie fest aufklopft. Muscheln, die offen bleiben, wegwerfen.

Kalmar

Der Kalmar wird meist fertig vorbereitet angeboten, entweder die Tuben allein oder gesäubert und mit Kopf, der wieder in die Tube geschoben wird. Größere Kalmare sind in Ringe geschnitten erhältlich.

Wenn Sie den Kalmar im Ganzen mit Haut kaufen, Kopf und Tentakel ablösen, den Körper vollständig leeren (auch den transparenten, plastikartigen Schulp). Die tintenfarbige Haut abziehen und wegwerfen, was ganz leicht mit den Fingern geht. Die beidseitigen Flossen können abgelöst und separat zubereitet werden. Tentakel vom Kopf lösen, indem Sie sie direkt vor den Augen abschneiden, so bleiben sie in einem Stück. Kopf wegwerfen. Körper je nach Rezept ggf. in Ringe schneiden. Alles gut trocken tupfen und bis zur Verwendung kühl stellen.

Venus- und Herzmuscheln

Diese sind zwar weniger sandig und faserig als andere Muscheln (siehe nebenstehend), doch sollte man auch sie gründlich nach beschädigten oder geöffneten durchsehen.

Zubereitung *Je frischer der Fisch ist, desto weniger braucht es, damit er richtig gut schmeckt. Fisch gart generell schnell, vor allem wenn Sie ihn braten oder grillen. Deswegen sollten die Beilagen rechtzeitig vorbereitet oder geplant werden, damit der Fisch nicht auf sie „warten" muss. Anders als bei Fleisch gibt es für Fisch keine unumstößlichen Regeln für die Zubereitung. Fast jeder Fisch kann auf jede Weise gegart werden, ohne dass man riskiert, dass er zäh und fad wird. Es kommt eher auf Ihre Stimmung an, welche Garmethode Sie wählen, ob bequemes Braten oder etwa Dämpfen auf asiatische Art.*

Braten in der Pfanne

Fisch kann scharf angebraten werden, um sein Aroma zu bewahren, bevor er Eintöpfen und Currys hinzugefügt wird, oder ergibt so ein schlichtes Gericht. Mit einer hochwertigen beschichteten Pfanne wird die Haut knusprig und der Fisch klebt nicht an.

Braten verleiht dem Fisch eine appetitliche goldene Farbe. Die Pfanne darf aber nicht zu voll sein: Das senkt die Temperatur und der Fisch wird in seinem eigenen Saft gedämpft. Fisch nach der halben Garzeit wenden, wird er mit Haut serviert, wird diese zuerst angebraten.

Grillen in Backofen und Pfanne

Grillen ist im Grunde eine gesunde Garmethode. Oft versucht man aber mit viel Butter oder Öl den Geschmack zu heben. Wenn Sie einen üblichen Oberhitze-Grill verwenden, muss dieser unbedingt gut vorgeheizt werden. Fisch tief einkerben (wenn er im Ganzen verwendet wird), dann dringt die Hitze besser ein und er gart schneller. Grillblech mit Folie auslegen und mit Butter oder Öl bestreichen, dann klebt der Fisch nicht an.

Jeder Fisch kann gegrillt werden, aber Plattfisch eignet sich besonders dafür. Köstliche, frische Seezungen oder Schollen sind so schon in weniger als 10 Min. fertig.

Grillen klappt auch in einer Grillpfanne mit geriffeltem Boden. Hierfür eignet sich besonders fester, fleischiger Fisch wie Thunfisch, Hai oder Schwertfisch. Riffel mit Öl bestreichen und Pfanne gut erhitzen, bevor Sie den Fisch hineingeben. Während des Garens nur einmal wenden, so dass die appetitlichen braunen Grillstreifen erhalten bleiben.

Grillen über dem Holzkohlegrill

Die meisten Fische lassen sich gut und einfach über dem Holzkohlegrill zubereiten. Meeresfrüchte schmecken so köstlich, ebenso wie Thunfisch, Schwertfisch und Hai. Mit ganzen Fischen wie kleine Plattfischen, Meerbarbe, Seebarsch und Schnapper gelingt es auch. Öliger Fisch wie insbesondere Heringe und Sardinen eignen sich perfekt, vor allem vermeidet man so den Fischgeruch, der normal in der Küche entsteht.

Grillgitter und den Fisch selbst mit Öl bestreichen, damit er nicht anklebt. Ein paar Kräuter und Gewürze darüber streuen, das reicht schon für einen tollen Geschmack. Grillzangen in Fischform sind in verschiedenen Größen erhältlich, so geht das Wenden einfacher.

Frittieren

Sie brauchen keine elektrische Fritteuse oder gar eine mit speziellem Einsatz, auch wenn sich Fisch – und Chips – so viel leichter herausheben lassen. Eine einfache große, stabile Pfanne tut's auch. Außerdem brauchen Sie einen großen Schaumlöffel. Pfanne nie mehr als zu einem Drittel mit Öl füllen und sicherstellen, dass das Öl die richtige Temperatur hat, bevor Sie die Zutaten hineingeben. Fisch bei 180–190 °C frittieren. Temperatur mit einem Thermometer testen oder, indem Sie ein kleines Stück Brot oder einen Tropfen Teig in das Öl geben. Es sollte sofort aufspritzen und sich in ca. 30 Sek. goldbraun färben.

Während des Frittierens schauen, wie schnell der Fisch gart. Geht es Ihrer Meinung nach zu schnell, Hitze reduzieren oder ganz wegnehmen.

Braten im Ofen

Die Methode zum Braten von Fisch ist ähnlich wie die von Fleisch – ein Stück gewürzter Fisch wird bei hoher Temperatur gegart. Ofen gut vorheizen, bevor Sie die Filets oder den ganzen Fisch hineingeben. Mit Öl oder Butter beträufeln, damit er nicht austrocknet. Nach dem Braten Saft in eingekochte Fischbrühe, Wein oder Sahne geben und zu einer cremigen Sauce kochen.

Backen

Backen funktioniert ähnlich wie Braten, nur dass der Fisch langsamer und bei niedriger Temperatur gegart wird. Gebackener Fisch wird oft in Flüssigkeit (Brühe oder Wein) zusammen mit Gemüse und Kräutern gegart.

Dämpfen

Bei Dämpfen denkt man meist an ein fades Ergebnis und strenge Diät. Aber gedämpfter Fisch muss nicht langweilig sein, vor allem wenn er in aromatischen Zutaten wie Ingwer, Limette, Knoblauch und Gewürzen mariniert wurde, sodass die Aromen den Fisch durchdringen.

Fisch kann in einem Bambus-Dämpfer über Wok oder Pfanne mit köchelndem Wasser oder auf einem Wok-Gitter in Folie oder einem gewölbten Deckel gedämpft werden. Noch einfacher geht „Ofen-Dämpfen". Hierfür Fisch auf ein Metallgitter über einen mit wenig Wasser gefüllten Bräter legen und das Ganze mit Folie abdecken (wie z.B. bei Brasse mit Zitronengras und Ingwer auf S. 87).

Pochieren

Traditionell werden große Fische im Ganzen in einer Court-Bouillon pochiert, was heute nicht mehr so verbreitet ist. Aber Fisch in Stücken in einer leicht köchelnden Brühe oder einem Eintopf zu kochen, ist auch eine Form des Pochieren, da er sanft in der Flüssigkeit gart. Dazu dicke Filets nehmen und die Flüssigkeit nur ganz leicht köcheln lassen, sonst fällt der Fisch schnell auseinander.

Im Rezept wird verwendet	stattdessen können Sie auch nehmen...
ANCHOVIS	Sardinen • Sprotten • Whitebait (Sardinenart)
BARSCH	Forelle • Lachs
FORELLE, GERÄUCHERT	geräucherter Aal • geräucherte Makrele
GARNELEN	Jakobsmuscheln • Kaisergranate • Scampi • Shrimps
HECHT	Kabeljau
HEILBUTT	Glattbutt • Steinbutt
HERING	Makrelen • Pilchard • Sardinen
KABELJAU	Hecht • Heller Seelachs • Hoki (Blauer Seehecht) • Köhlerfisch • (großer) Wittling • Schellfisch
KALMAR	Oktopus • Tintenfisch
KREBSE	(große) Garnelen • Kaisergranate
LACHS	Forelle • Lachsforelle • Seeforelle
MAKRELE	Heringe • Pilchard • Sardine
MAKRELE, GERÄUCHERT	geräucherter Aal • geräucherte Forelle • geräucherter Lachs
MEERBARBE	Viktoriabarsch • Seebarsch • Seebrasse
ROTER SCHNAPPER	Kaiserbarsch • Meerbarbe • Seebarsch
SARDINEN	Heringe • (kleine) Makrelen • Pilchard • Schellfisch • geräucherter Bückling • geräucherter Kabeljau
SCHELLFISCH, GERÄUCHERT	Bückling • geräucherter Kabeljau
SCHOLLE	amerikanische Scholle • Flunder • Kliesche (Limande) • Rotzunge • Seezunge
SCHWERTFISCH	Hai • Rochen
SEEBARSCH	Glattbutt • Petersfisch • Steinbutt
SEEBRASSE	Kaiserbarsch • Meerbarbe • Roter Schnapper
SEETEUFEL	Kabeljau
STEINBUTT	Glattbutt • Heilbutt
THUNFISCH	Bonito • Goldmakrele • Hai • Schwertfisch
VENUSMUSCHELN	amerikanische Schwertmuscheln • Austern • Herzmuscheln • Miesmuscheln

Fischbrühe

Für die Brühe können Sie Abschnitte von fast allen Weißfischen verwenden, einschließlich der Köpfe, Schwänze und Gräten. Karkassen von Schalentieren wie Garnelenköpfe und -schalen können auch verwendet werden. Öligen Fisch besser nicht verwenden, da er einen zu starken Eigengeschmack hat und die Brühe fettig macht.

VORBEREITUNG: 5 Min.
ZUBEREITUNG: 30 Min.
ERGIBT 900 ml

25 g Butter

1 Zwiebel oder mehrere Schalotten, gehackt

2 Stangen Staudensellerie, gehackt

1 kg Abschnitte von Weißfisch und Schalentieren (siehe oben)

150 ml trockener Weißwein

mehrere Petersilienstängel

mehrere Zitronenscheiben

1 TL schwarze Pfefferkörner

1 Butter in einem großen Topf mit schwerem Boden zerlassen und das Gemüse sanft andünsten, bis es weich aber nicht braun ist.

2 Abschnitte, Wein, Petersilie, Zitrone und Pfefferkörner dazugeben und mit 1 l kaltem Wasser aufgießen. Bis knapp unter den Siedepunkt erhitzen, Hitze reduzieren und 25 Min. sanft köcheln lassen.

3 Durch ein Sieb abseihen und abkühlen lassen. Kalt stellen und 24 Std. ruhen lassen.

Cremige Béchamelsauce *Diese üppige, cremige Sauce ist für die Zubereitung von Fisch-Pies und gefüllten Crêpes unerlässlich. Oder servieren Sie für ein schnelles und einfaches aber leckeres Essen eine der Varianten als Sauce zu gegrilltem oder gedämpften Weißfisch.*

VORBEREITUNG: 10 Min. zzgl. Zeit zum Ziehen lassen
ZUBEREITUNG: 10 Min.
ERGIBT ca. 500 ml

200 ml Milch
2 Lorbeerblätter
1 kleine Zwiebel, geviertelt
1 TL schwarze Pfefferkörner
50 g Butter
40 g Mehl
300 ml Sahne
frisch geriebene Muskatnuss
Salz und Pfeffer

1 Milch mit Lorbeerblättern, Zwiebel und Pfefferkörnern in einem Topf erhitzen. Bis knapp unter den Siedepunkt erhitzen, vom Herd nehmen und 15 Min. ziehen lassen. Durch ein Sieb abseihen.

2 Butter in einem Topf mit schwerem Boden zerlassen. Mehl einrieseln lassen und schnell verquirlen. 1 Min. köcheln lassen.

3 Vom Herd nehmen und zuerst die abgeseihte Milch und dann die Sahne unterrühren. Zurück auf den Herd stellen und unter ständigem Rühren köcheln lassen, bis die Sauce eingedickt und glatt ist. Mit Muskatnuss, Salz und Pfeffer abschmecken.

Käsesauce 150 g geriebenen Cheddar oder Gruyère unterrühren oder von einer Sorte 125 g verwenden und mit 25 g geriebenem Parmesan ergänzen.

Petersiliensauce Abgeseihte Milch mit 15 g krausblättriger Petersilie (ohne Stängel) in der Küchenmaschine mixen. Alternativ die Petersilie hacken und unter die eingedickte Béchamelsauce rühren.

Rouille *Diese scharfe, feurige Sauce wird üblicherweise separat gereicht und in Fischsuppen wie z.B. die französische Fischsuppe (siehe S. 30) eingerührt. Genauso gut peppt man mit Rouille Fischeintöpfe auf oder serviert sie anstelle von Aïoli zu Stockfisch-Beignets (siehe S. 116). Hält sich im Kühlschrank einige Tage in einem dicht verschlossenen Behälter.*

ZUBEREITUNG: 5 Min.
ERGIBT 175 ml

1 scharfe rote Chili
4 Knoblauchzehen, gehackt
1 Eigelb
25 g Brotkrumen
150 ml Olivenöl
Salz

1 Chili, Knoblauch, Eigelb, Brotkrumen und etwas Salz in der Küchenmaschine oder mit dem Mixer zu einer dicken Paste zerkleinern. Paste, die am Schüsselrand hängen bleibt, abkratzen.

2 Während des Mixens das Öl einträufeln, bis die Paste die Konsistenz von dünner Mayonnaise hat. In eine Schüssel geben, abdecken und bis zur Verwendung kalt stellen.

Tipp Wenn sich das Öl nach Schritt 2 von der Paste absetzt, einige Tropfen Wasser unterrühren. Wahlweise auch eine weiteres Eigelb in die gesäuberte Küchenmaschine geben und die Rouille noch einmal mixen.

Mayonnaise *Mit Olivenöl erzielen Sie das beste Ergebnis. Für einen milderen Geschmack können Sie aber auch zur Hälfte Sonnenblumen- oder Erdnussöl verwenden. Hält sich abgedeckt im Kühlschrank mehrere Tage.*

ZUBEREITUNG: 10 Min.
ERGIBT 300 ml

2 Eigelb
1/2 TL Dijon-Senf
250 ml Olivenöl
1–2 EL Zitronensaft oder Weißweinessig
Salz und Pfeffer

1 Eigelb, Senf und etwas Salz und Pfeffer mit der Küchenmaschine oder dem Mixer kurz mixen.

2 Während des Mixens das Öl langsam einträufeln, bis die Mischung eingedickt ist. Sobald dies der Fall ist, können Sie das Öl allmählich schneller einträufeln.

3 Für einen leicht säuerlichen Geschmack vorsichtig etwas Zitronensaft oder Essig unterrühren und abschmecken. Bis zum Verwenden abgedeckt kühl stellen.

Aïoli Bei manchen mediterranen Rezepten gehören einige Knoblauchzehen in die Mayonnaise. Da der Geschmack schnell zu intensiv wird, bei Schritt 1 zunächst nur 1 große gepresste Zehe dazugeben und dann evtl. weitere hinzufügen. Gut abgedeckt im Kühlschrank aufbewahren.

Mayonnaise mit Crème fraîche und Kräutern 100 g Crème fraîche und 4 EL gehackte Kräuter (wie Schnittlauch, Dill, Petersilie, Estragon oder Koriander) unter die fertige Mayonnaise rühren.

Knoblauch-Rosmarin-Kapern-Butter *Kräuter und Würzstoffe mit Butter gemischt schmecken zerlaufen einfach köstlich auf gegrilltem, gedämpftem oder gebackenem Fisch. Hält sich im Kühlschrank mehrere Tage. Zum Einfrieren als Rolle in Butterbrotpapier einschlagen.*

ZUBEREITUNG: 5 Min.
ERGIBT 4–6 Portionen

100 g leicht gesalzene weiche Butter
2 TL fein gehackter Rosmarin
1 EL gehackte Petersilie
1 Knoblauchzehe, gepresst
fein geriebene Schale einer Zitrone
1 EL Kapern, abgespült, abgetropft und gehackt
Pfeffer

1 Butter mit Rosmarin, Petersilie, Knoblauch, Zitronenschale, Kapern und reichlich Pfeffer in einer Schüssel gut vermischen.

2 In einer kleinen Schüssel abgedeckt bis zur Verwendung kühl stellen.

Variante Kapern weglassen und andere Kräuter wie Kerbel, Schnittlauch, Estragon, Koriander oder Dill statt Rosmarin und Petersilie verwenden.

Schmortomaten-Sauce *Passt wunderbar zu vielen Fischgerichten. Man sollte sie eigentlich nur mit wirklich reifen, aromatischen, frischen Tomaten machen. Notfalls einige Dosen gehackte Tomaten nehmen.*

VORBEREITUNG: 10 Min.
ZUBEREITUNG: 50 Min.
ERGIBT 750 ml

1 kg sehr reife Tomaten
4 EL Olivenöl
1 TL Zucker
1 Zwiebel, fein gehackt
4 Knoblauchzehen, gepresst
2 EL gehackter Oregano
Salz und Pfeffer

1 Tomaten halbieren und mit der Schnittseite nach oben in eine große, flache ofenfeste Form oder einen Bräter setzen. 2 EL Öl, Zucker, Salz und Pfeffer darüber geben. Im vorgeheizten Ofen bei 200 °C (Gas Stufe 6) ca. 40 Min. schmoren, bis die Tomaten weich sind und sich bräunlich färben.

2 Zwiebel in einer Pfanne im restlichen Öl ca. 10 Min. andünsten, bis sie weich ist. In den letzten Minuten Knoblauch hinzufügen. Tomaten mit der Küchenmaschine oder dem Mixer zerkleinern und mit dem Oregano in die Pfanne geben.

3 Ca. 5–10 Min. sanft köcheln lassen, bis die Sauce eingedickt ist. Abschmecken und servieren.

Sauce Hollandaise *Nichts geht über ein saftiges Stück Weißfisch oder Lachs überzogen mit dieser üppigen, sahnigen und doch leicht säuerlichen Sauce. Sie hält sich nach der Zubereitung nur ca. 30 Min. – dazu den Herd abschalten und die Sauce abgedeckt über dem Wasserbad stehen lassen.*

VORBEREITUNG: 10 Min.
ZUBEREITUNG: 10 Min.
ERGIBT 6 Portionen

2 EL Weißweinessig

1 Lorbeerblatt

1/2 TL schwarze Pfefferkörner

3 Eigelb

200 g weiche ungesalzene Butter, in 1-cm-Würfel geschnitten

Salz und Pfeffer

1 Essig, Lorbeerblatt und Pfefferkörner mit 1 EL Wasser in einem kleinen Topf sprudelnd aufkochen und um die Hälfte einkochen.

2 Einen größeren Topf 5 cm hoch mit Wasser füllen und zum Köcheln bringen. Essig-Mischung in eine größere Schüssel geben und mit den Eigelben verquirlen.

3 Großen Topf auf das Wasserbad stellen und 1 Würfel Butter unterrühren, bis er geschmolzen ist. Butterwürfel nach und nach unterrühren, bis die Mischung dick und glänzend ist. Salzen, pfeffern und evtl. für mehr Säure noch etwas Essig dazugeben.

Sauce Hollandaise mit Kräutern
Hierzu 2–3 EL frische, fein gehackte Kräuter (wie Petersilie, Dill, Estragon, Fenchelgrün oder Schnittlauch) zusammen mit der Butter unterrühren.

Minziges Erbsenpüree *In England die klassische Sauce zu Fisch und Chips und selbst gemacht natürlich am besten.*

VORBEREITUNG: 10 Min.
ZUBEREITUNG: 5 Min.
ERGIBT 4–6 Portionen

400 g frische Erbsen ohne Hülse

einige Minzezweige

25 g Butter

2 EL Crème fraîche

Salz und Pfeffer

1 Erbsen mit der Minze in einem großen Topf mit kochendem Wasser in ca. 5 Min. sehr weich kochen. Abtropfen lassen, wieder in den Topf geben und Minze entfernen.

2 Butter und Crème fraîche unterrühren und Erbsen mit einem Kartoffelstampfer grob zerdrücken. Mit Salz und Pfeffer abschmecken und vorsichtig wieder erwärmen.

Tipp Frische Erbsen haben natürlich eine bessere Konsistenz und mehr Aroma, aber gefrorene tun's notfalls auch.

Meeresspargel *Dieses seltene Gemüse wird auch Queller, Meerfenchel, Meeresbohne oder französisch Salicorne genannt und manchmal beim Fischhändler angeboten. Er hat eine feste Konsistenz, schmeckt leicht salzig und ist einfach zuzubereiten. Passt als Beilage vor allem zu Weißfisch.*

VORBEREITUNG: 5 Min.
ZUBEREITUNG: 5 Min.
ERGIBT 4 Portionen

225 g Meeresspargel
25 g Butter
Pfeffer

1 Meeresspargel von den holzigen Enden befreien und mehrmals mit kaltem Wasser waschen. Abtropfen lassen.

2 In einem Topf mit kochendem Wasser in ca. 4–5 Min. weich kochen. Abtropfen lassen, wieder in den Topf geben und mit der Butter vermischen. Mit reichlich Pfeffer würzen.

Buttriges Sellerie-Püree *Für dieses Püree verwendet man Knollensellerie. Es passt bestens zu Fischgerichten aus der Pfanne oder dem Ofen, vor allem wenn sie saftig-buttrig sind. Das Püree wird schön cremig, wenn man einige mehligkochende Kartoffeln untermischt.*

VORBEREITUNG: 15 Min.
ZUBEREITUNG: 20 Min.
ERGIBT 4–6 Portionen

1 kg Knollensellerie

500 g mehligkochende Kartoffeln, in Stücke geschnitten

4 EL Milch

40 g Butter

Salz und Pfeffer

1 Sellerie und Kartoffeln schälen und in gleich große Stücke schneiden. Gemüse in einen Topf geben und mit kaltem Wasser bedecken. Aufkochen, Hitze herunterschalten und ca. 15–20 Min. sanft köcheln, bis das Gemüse sehr weich ist.

2 Abgießen und wieder in den Topf geben. Milch, Butter und etwas Salz und Pfeffer dazugeben. Zerdrücken, bis ein sehr glattes Püree entstanden ist. Sanft wieder erwärmen und servieren.

Kartoffel-Wedges *Die bequemere Variante der traditionellen englischen Chips. Einmal im Ofen braucht man sich nicht mehr groß darum zu kümmern, anders als bei frittierten Chips. Passt zu Fisch aus der Pfanne, dem Ofen oder vom Grill.*

VORBEREITUNG: 10 Min.
ZUBEREITUNG: 50 Min.
ERGIBT 4 Portionen

1 kg Backkartoffeln
150 ml mildes Olivenöl oder Erdnussöl
1 TL Paprikapulver
1 TL Selleriesalz
Salz und Pfeffer

1 Kartoffeln in 1 cm breite Scheiben und dann in dicke Spalten schneiden.

2 Ein großes Backblech mit etwas Öl bestreichen und im vorgeheizten Ofen bei 220 °C (Gas Stufe 7) für 5 Min. erhitzen.

3 Kartoffel-Spalten auf das Blech geben, mit dem restlichen Öl beträufeln und mit Paprika und Selleriesalz bestreuen. Mischen, bis die Kartoffeln gut überzogen sind. 45 Min. backen, bis die Wedges gar sind. Gelegentlich wenden. Mit Salz und Pfeffer bestreut servieren.

Suppen und Eintöpfe *Mit Fisch lassen sich die unterschiedlichsten Suppen und Eintöpfe zubereiten. Auf den folgenden Seiten finden Sie traditionelle Gerichte aus Südeuropa ebenso wie moderne Varianten nordafrikanischer und asiatischer Rezepte. Fischsuppe kann als anregende Vorspeise oder in größeren Portionen zusammen mit frischem, knusprigem Brot als eigenständige Mahlzeit serviert werden. Das Erfolgsgeheimnis ist, die Speisen langsam und sanft zuzubereiten, sodass der Fisch sein Aroma bewahrt und nicht auseinander fällt.*

Venusmuschel-Suppe *Der intensive Geschmack der Muscheln ergibt zusammen mit dem Speck eine sättigende, herzhafte Suppe. Als Vorspeise oder, in größeren Portionen, als Hauptspeise servieren.*

VORBEREITUNG: 20 Min.

ZUBEREITUNG: 35 Min.

ERGIBT 4 Portionen

1 kg Venusmuscheln (siehe S. 12)

200 g Räucherspeck, fein gewürfelt

1 große Zwiebel, gehackt

15 g Butter

1 EL Mehl

4 Tomaten, gehäutet und gehackt

350 g Kartoffeln, gewürfelt

2 Lorbeerblätter

3 EL gehackte Petersilie

2 TL Tabasco-Sauce

150 ml Sahne

1 150 ml Wasser in einem Topf aufkochen. Muscheln dazugeben, mit einem dicht schließenden Deckeln abdecken und ca. 4–5 Min. garen, bis die Schalen sich geöffnet haben. Abgießen, Kochflüssigkeit aufbewahren und alle Muscheln, die sich nicht geöffnet haben, wegwerfen. Muschelfleisch aus den Schalen lösen und in kleine Stücke hacken.

2 Speck und Zwiebel mit einem Stück Butter in einer großen Pfanne ca. 10 Min. andünsten, bis beides gebräunt ist. Übrige Butter unterrühren und schmelzen. Mehl hinzugeben und unter Rühren 1 Min. anschwitzen.

3 Kochflüssigkeit, 450 ml Wasser, Tomaten, Kartoffeln und Lorbeerblätter dazugeben. Kurz aufkochen, herunterschalten, abdecken und ca. 15 Min., bis die Kartoffeln durch sind, ganz leicht köcheln lassen.

4 Muscheln und Petersilie unterrühren und weitere 2 Min. ganz leicht köcheln. Tabasco und Sahne dazugeben und erwärmen.

Venusmuschel-Suppe

Französische Fischsuppe *Auf französischen Fischmärkten erhält man eine Zusammenstellung an kleinen Fischen speziell für diesen Klassiker. Für ein ebenso gutes Ergebnis am besten die unten angegebenen Fischarten verwenden.*

VORBEREITUNG: 40 Min.
ZUBEREITUNG: 45 Min.
ERGIBT 4 Portionen

1 kg gemischter Fisch (wie kleine Plattfische, Schnapper, Knurrhahn, Rochen, Meeraal), ausgenommen

1 große Zwiebel, grob gehackt

2 Karotten, grob gehackt

1 Fenchelknolle, gehackt

3 Knoblauchzehen

5 EL Olivenöl

1 Sträußchen gemischte Kräuter

1/2 TL Safranfäden

2 EL Tomatenmark

Salz und Pfeffer

Rouille zum Servieren (siehe S. 19)

1 Fisch in Stücke schneiden, sodass sie gut in den Topf passen. Verwenden Sie auch Köpfe und Flossen, denn sie geben der Suppe Geschmack.

2 Zwiebeln, Karotte, Fenchel, Knoblauch und Öl in einer großen Pfanne in ca. 10 Min. weich dünsten. Gesamten Fisch, Kräuter und 1,2 l Wasser hinzufügen und aufkochen lassen. Abgedeckt ca. 30 Min. leicht köcheln lassen, bis das Gemüse weich ist und der Fisch auseinander fällt. Kräutersträußchen, Köpfe und Flossen wieder herausnehmen.

3 Suppe portionsweise pürieren. Durch ein grobes Sieb in eine saubere Pfanne passieren. Safran und Tomatenmark dazugeben. Abschmecken.

4 Vorsichtig erwärmen und in Suppenteller füllen. Rouille separat zum Unterrühren servieren.

Tipp Falls die Suppe zu dünn ist, 15 g weiche Butter mit 15 g Mehl vermischen und unter sanftem Erhitzen in die Suppe einrühren, bis sie angedickt ist.

Thailändische Muschelsuppe *Diese köstliche, aromatische Suppe wird am besten ganz frisch serviert, damit die Muscheln nicht zu lange herumstehen. Das muss nicht stressig sein – die Muscheln und die Thai-Paste können im Voraus zubereitet werden, sodass alles bereitsteht, wenn Sie anfangen zu kochen.*

VORBEREITUNG: 20 Min.
ZUBEREITUNG: 15 Min.
ERGIBT 4 Portionen

300 ml Fischbrühe (siehe S. 17)
1 kg Miesmuscheln, gesäubert (siehe S. 12)
1 Zitronengrasstängel in feinen Scheiben
50 g frische Ingwerwurzel, grob gehackt
3 Knoblauchzehen, grob gehackt
2 Schalotten, grob gehackt
1 Stängel Staudensellerie, gehackt
1 kleine grüne Chili, entkernt und gehackt
25 g frischer Koriander
1/2 TL gemahlene Kurkuma
2 TL Zucker
1 TL thailändische Fischsauce
2 EL Limettensaft
400 ml Kokosmilch aus der Dose
Brot in dicken Scheiben zum Servieren

1 Brühe in einem großen Topf aufkochen. Muscheln hineingeben, mit einem dicht schließenden Deckel abdecken und ca. 4–5 Min. kochen, bis die Muscheln sich geöffnet haben. Muscheln abgießen und Brühe aufbewahren. Alle Muscheln, die sich nicht geöffnet haben, wegwerfen. Etwa ein Viertel der Muscheln in der Schale lassen, bei den anderen Muschelfleisch auslösen.

2 Zitronengras, Ingwer, Knoblauch, Schalotten, Sellerie, Chili, Koriander und Kurkuma in der Küchenmaschine zu einer feinen Paste pürieren. Wenn nötig Mischung vom Rand des Behälters kratzen. In einen großen Topf geben. Brühe bis auf eine Schöpfkelle voll hinzufügen und aufkochen. Abdecken und 5 Min. sanft köcheln lassen.

3 Zucker, Fischsauce, Limettensaft, ausgelöste Muscheln und übrige Brühe in der Küchenmaschine vollständig glatt mixen.

4 Mischung in einen Topf geben und Kokosmilch dazugießen. Erwärmen, bis die Mischung sanft köchelt. Jeweils einiger der Muscheln mit Schale in flachen, vorgewärmten Suppenschalen auftürmen und die Suppe darüber gießen. Heiß mit Brot servieren.

Meeresfrüchte-Laksa *ist ein asiatischer Eintopf mit Nudeln in würziger Kokos-Brühe. Diese Variante ergibt ein tolles Abendessen oder schmeckt in kleineren Portionen als anregende Vorspeise.*

VORBEREITUNG: 20 Min.
ZUBEREITUNG: 15 Min.
ERGIBT 4 Portionen

1 scharfe rote Chili, entkernt und in Scheiben
1 Zitronengrasstängel, in feinen Scheiben
1 Zwiebel, grob gehackt
50 g frische Ingwerwurzel, grob gehackt
50 g ungesalzene geröstete Erdnüsse
4 TL thailändische Fischsauce
3 EL Erdnuss- oder mildes Olivenöl
8 ausgelöste Jakobsmuscheln, evtl. halbiert (siehe S. 12)
1/2 TL gemahlene Kurkuma
600 ml Fischbrühe (siehe S. 17)
400 ml Kokosmilch aus der Dose
150 g getrocknete Eiernudeln
200 g rohe geschälte Garnelen
150 g weißes Krabbenfleisch
150 g Bohnensprösslinge
15 g frischer Koriander, gehackt

1 Chili, Zitronengras, Zwiebel, Ingwer, Erdnüsse und Fischsauce in der Küchenmaschine zu einer dicken Paste pürieren.

2 Öl in einer großen Pfanne erhitzen und die Muscheln von allen Seiten sanft anbraten. Mit einem Schaumlöffel abschöpfen. Paste in die Pfanne geben und unter Rühren 5 Min. sanft andünsten. Kurkuma, Brühe und Kokosmilch dazugeben und langsam aufkochen.

3 Nudeln nach Packungsangabe in einem separaten Topf weich kochen.

4 In der Zwischenzeit Garnelen und Muscheln in die Brühe einrühren und ca. 3 Min. sanft köcheln, bis die Garnelen sich rosa gefärbt haben. Krabbenfleisch, Bohnensprösslinge und Koriander unterrühren und 1 Min. köcheln. Nudeln abgießen, in Suppenschalen anrichten und mit der Laksa übergießen. Servieren.

Meeresfrüchte-Laksa

Portugiesischer Fischtopf *Hierfür kann man fast jeden Weißfisch verwenden – entscheiden Sie sich also für das frischeste und beste Angebot. Mit knusprigem Brot zum Aufsaugen der köstlichen Brühe servieren.*

ZUBEREITUNG: 25 Min.

VORBEREITUNG: 45 Min.

ERGIBT 6 Portionen

1,5 kg gemischter Weißfisch (wie Hecht, Schellfisch, Seeteufel-Filet, Meerbarbe, Hai oder Schwertfisch)

400 g gesäuberter kleiner Kalmar (siehe S. 13)

6 EL Olivenöl

2 Zwiebeln, gehackt

3 grüne Paprikaschoten, entkernt und geviertelt

4 Knoblauchzehen, fein gehackt

750 g Tomaten, entkernt und gehackt

800 g mehligkochende Kartoffeln, in Spalten

1 Glas trockener Weißwein

600 ml Fischbrühe (siehe S. 17)

4 EL Paste aus sonnengetrockneten Tomaten (ersatzweise Tomatenmark)

3 Lorbeerblätter

25 g gehackter frischer Koriander

Salz und Pfeffer

1 Fisch in große Stücke schneiden, häuten und entgräten. (Meerbarbe muss nicht gehäutet werden.)

2 Kalmar, wenn er länger als 5 cm ist, in Scheiben schneiden und Tentakel nach Belieben aufheben.

3 Die Hälfte des Öls in einer großen Pfanne mit schwerem Boden erhitzen und Zwiebeln und Paprika sanft andünsten, bis sie weich sind. Knoblauch, Tomaten, Kartoffeln, Wein, Brühe, Tomatenpaste und übriges Öl dazugeben und ohne Deckel 30 Min. köcheln lassen.

4 Weißfisch hineingeben und 5 Min. sanft köcheln lassen. Kalmar und Koriander dazugeben und weitere 5 Min. köcheln, bis der Fisch durch ist. Abschmecken und in großen, flachen Schalen servieren.

Portugiesischer Fischtopf

Bouillabaisse *Traditionell wird bei der Bouillabaisse der Fisch abgeschöpft und Brühe und Fisch separat serviert. Bei dieser einfacheren Version kommt alles in einem Topf auf den Tisch, wodurch die verschiedenen Geschmacksnoten sich wunderbar vermischen. Aïoli, Rouille oder beides auf das Brot geben und das Ganze auf der Suppe schwimmen lassen, so nimmt das Brot die herrlichen Aromen auf.*

ZUBEREITUNG: 25 Min.
VORBEREITUNG: 45 Min.
ERGIBT 4–6 Portionen

1 kg gemischte Fischfilets (wie Seeteufel, Schellfisch, Kabeljau, Hecht, Meerbarbe, Brasse, Knurrhahn, Meeraal)

4 EL Olivenöl

1 große Zwiebel, gehackt

2 kleine Lauchstangen, in Scheiben

2 Streifen Orangenschale

2 Stängel Staudensellerie, in Scheiben

4 Knoblauchzehen, in Scheiben

1 TL Safranfäden

2 EL Pernod (nach Belieben)

400 g Tomaten, enthäutet und gehackt

8 ausgelöste Jakobsmuscheln (siehe S. 12)

250 g ganze rohe Garnelen, Krebse oder Kaisergranate

Salz und Pfeffer

Zum Servieren:

Getoastete Baguettescheiben

Aïoli (siehe S. 20) oder Rouille (siehe S. 19)

1 Fisch in kleine Stücke schneiden. Der Weißfisch kann enthäutet werden, aber lassen Sie die Haut an der Meerbarbe, wenn sie welche verwenden, das gibt dem Gericht mehr Farbe. Öl in einem großen Topf erhitzen und Zwiebel und Lauch 5 Min. sanft andünsten.

2 Orangenschale, Sellerie und Knoblauch hinzugeben und weitere 2 Min. anbraten. Safran und ggf. Pernod unterrühren und mit 1,5 l Wasser aufgießen. Aufkochen, Hitze herunterschalten und 20 Min. sanft köcheln lassen.

3 Fisch und Tomaten in den Topf geben und kurz aufkochen, bis der Fisch ganz weiß ist. Muscheln und Schalentiere hinzufügen und weitere 10 Min. kochen.

4 Fisch und Gemüse mit einem großen Schaumlöffel in vorgewärmte Suppenteller geben. Brühe aufkochen, dann Hitze herunterschalten, abschmecken und über den Fisch geben. Dazu mit Aïoli oder Rouille bestrichene Toastscheiben reichen.

Kalmar-Kichererbsen-Eintopf mit Paprika

Kalmar wird meist in Ringe geschnitten und in Backteig frittiert. In diesem farbenfrohen, frischen Eintopf findet er eine ausgefallenere Verwendung.

VORBEREITUNG: 20 Min.
ZUBEREITUNG: 25 Min.
ERGIBT 2–3 Portionen

1 EL Mehl
400 g Kalmarringe (siehe S. 13)
4 EL Olivenöl
1 Fenchelknolle, gehackt
2 grüne Paprika, entkernt und in Streifen
2 Knoblauchzehen, gepresst
1 EL gehackter Oregano
600 ml Fischbrühe (siehe S. 17)
400 g Kichererbsen aus der Dose, abgespült und abgetropft
1 Spritzer Zitronensaft
8 Cherry-Tomaten, halbiert
Salz und Pfeffer

1 Mehl würzen und die Kalmarringe damit bestäuben. Öl in einem großen Topf erhitzen und Fenchel und Paprika darin 5 Min. sanft anbraten. Knoblauch und Oregano dazugeben und weitere 5 Min. anbraten.

2 Kalmar in den Topf geben und ca. 5 Min. anbraten, bis die Ringe Volumen bekommen.

3 Brühe und Kichererbsen unterrühren, aufkochen und abgedeckt 10 Min. köcheln lassen.

4 Zitronensaft und Tomaten dazugeben und abschmecken. Eine weitere Min. kochen und servieren.

Marokkanische Fisch-Tajine *Fast jeder Weißfisch, in dicke Filets geschnitten, eignet sich hierfür. Am besten die Stücke so groß schneiden, dass sie während des langsamen Garens nicht auseinander fallen.*

VORBEREITUNG: 15 Min.

ZUBEREITUNG: 55 Min.

ERGIBT 4 Portionen

750 g feste Weißfischfilets (wie Kabeljau, Seebarsch oder Seeteufel), gehäutet

1/2 TL Kreuzkümmelsamen

1/2 TL Koriandersamen

6 Kardamomkapseln

4 EL Olivenöl

2 kleine Zwiebeln, in dünnen Scheiben

2 Knoblauchzehen, gepresst

1/4 TL gemahlene Kurkuma

1 Zimtstange

40 g Sultaninen

25 g Pinienkerne, leicht angeröstet

150 ml Fischbrühe (siehe S. 17)

fein geriebene Schale von einer Zitrone, zusätzl. 1 EL Saft

Salz und Pfeffer

gehackte Petersilie zum Garnieren

1 Fisch in große Stücke schneiden (je ca. 5x5 cm) und würzen.

2 Mit Mörser und Stößel Kreuzkümmel-, Koriandersamen und Kardamomkapseln zerdrücken. Kapseln wegwerfen, Samen aufbewahren.

3 Öl in einer großen, flachen Pfanne erhitzen und die Zwiebeln 6–8 Min. sanft goldbraun anbraten. Knoblauch und Gewürze dazugeben und unter Rühren sanft 2 Min. anbraten. Fischstücke hinzufügen und so oft wenden, bis sie mit Öl überzogen sind. Fisch und Zwiebeln in einen ofenfesten Topf geben und mit Sultaninen und Pinienkernen bestreuen.

4 Brühe, Zitronenschale und -saft in einer Pfanne aufkochen. Um den Fisch herum gießen, abdecken und im vorgeheizten Ofen bei 160 °C (Gas Stufe 3) 40 Min. garen.

Marokkanische Fisch-Tajine

Snacks, Salate und leichte Mahlzeiten

Fisch wird oft für Vorspeisen verwendet, da er nicht zu schwer ist und sich für kleine Portionen eignet. In Kombination mit anregenden Aromen macht er Appetit auf das, was kommt. In diesem Kapitel finden Sie Klassiker wie Garnelen-Cocktail ebenso wie Ideen für Tapas zum Aperitif und Fisch im knusprigen Teigmantel. Die meisten Rezepte ergeben auch verlockende leichte Mahlzeiten, vor allem wenn sie mit einem Blattsalat und schmackhaftem Brot serviert werden.

Garnelen-Terrine mit Fenchel-Pittas *Garnelen in mild-würziger Knoblauchbutter, dekorativ in Schälchen angerichtet – eine tolle Vorspeise, die Lust auf mehr macht.*

VORBEREITUNG: 20 Min. zzgl. Kühlzeit
ZUBEREITUNG: 15 Min.
ERGIBT 4 Portionen

200 g Butter
1 kleine Fenchelknolle, fein gehackt
1 TL fein geriebene Zitronenschale
1 TL Fenchelsamen, zerdrückt
4 kleine runde Pitta-Brote
350 g rohe geschälte Garnelen
1 Knoblauchzehe, gepresst
1 große Prise Paprikapulver
1/4 TL gemahlene Muskatblüte
Salz und Pfeffer

1 15 g Butter in einer Pfanne zerlassen und den Fenchel darin ca. 5 Min. dünsten, bis er weich ist. Zitronenschale, Fenchelsamen, Salz und Pfeffer unterrühren. Pittas auf einer Seite aufschneiden und Fenchelmischung hineingeben. Mit den Händen fest flach drücken.

2 25 g Butter in einer großen Pfanne zerlassen und die Garnelen ca. 2 Min. sanft anbraten (einmal wenden), bis sie auf beiden Seiten tiefrosa sind (ggf. portionsweise anbraten). Alle Garnelen in die Pfanne geben und Knoblauch, Paprikapulver und Muskat unterrühren.

3 Garnelen-Mischung in 4 kleine Soufflé-Förmchen füllen. Übrige Butter in einer Pfanne zerlassen und Schaum abschöpfen. Butter über die Garnelen geben, so dass sie weitgehend bedeckt sind. Abdecken und ca. 2 Std. kühl stellen, bis die Butter fest ist.

4 Grillpfanne oder Grill erhitzen und Pittas auf beiden Seiten leicht anrösten. In Streifen schneiden und mit der Terrine servieren.

Garnelen-Terrine mit Fenchel-Pittas

Der beste Garnelen-Cocktail *ist viel leckerer als der, den Sie in den meisten Restaurants serviert bekommen. Er wird aus frisch gekochten Garnelen gemacht und die Mayonnaise hat einen frischen Geschmack nach Limette und Ingwer. Verwenden Sie selbst gemachte Mayonnaise (siehe S. 20) oder ein hochwertiges Fertigprodukt.*

VORBEREITUNG: 15 Min.
ZUBEREITUNG: 3–5 Min.
ERGIBT 4 Portionen

2 EL Olivenöl

300 g rohe geschälte Garnelen

15 g frischer Ingwer

150 ml Mayonnaise (siehe S. 20) oder ein hochwertiges Fertigprodukt

3 EL Naturjoghurt

1 EL Paste aus sonnengetrockneten Tomaten (ersatzweise Tomatenmark)

1 EL Zucker

1 EL Limettensaft

1/2 Römischer Salat

reichlich Basilikumblätter

Salz und Pfeffer

Limettenspalten zum Servieren

1 Öl in einer großen Pfanne erhitzen. Garnelen dazugeben und auf jeder Seite ca. 1–2 Min. anbraten, bis sie dunkelrosa sind. Leicht würzen, abtropfen lassen und zum Abkühlen auf einen Teller geben.

2 Ingwer schälen und fein reiben. Dabei über einer Arbeitsplatte arbeiten, um den Saft aufzufangen. Ingwer und Saft zusammen mit Mayonnaise, Joghurt, Tomatenpaste, Zucker, Limettensaft und ein wenig Salz und Pfeffer in einer Schüssel verrühren. Gut vermischen.

3 Salatblätter klein zupfen, in Schälchen füllen und reichlich Basilikumblätter dazugeben. Garnelen darauf anrichten. Dressing darüber geben und mit Limettenspalten garniert servieren.

Knoblauch-Garnelen-Tapas

Diese köstlichen, mit einer würzigen Paste überzogenen Garnelen verdienen es, mit knusprigem Brot und anderen Knabbereien als Hauptspeise serviert zu werden. Wenn Sie Gäste erwarten, am besten alles vorbereiten und abgedeckt kalt stellen, bis Sie mit dem Kochen anfangen.

VORBEREITUNG: 10 Min.
ZUBEREITUNG: 10 Min.
ERGIBT 4 Portionen

2 Knoblauchzehen, gepresst

1 TL Paprikapulver

1 mittelscharfe rote Chili, entkernt und fein gehackt

2 EL extra natives Olivenöl

500 g große, ganze und rohe Garnelen

Salz

Aïoli (siehe S. 20) zum Servieren

1 Knoblauch, Paprikapulver, Chili, Öl und etwas Salz in einer großen Schüssel vermischen. (Wenn Sie das Gericht im Voraus vorbereiten, das Salz erst dazugeben, wenn Sie mit der Zubereitung anfangen.)

2 Garnelen dazugeben und gut vermischen, bis sie gleichmäßig mit der Paste überzogen sind.

3 Eine geriffelte Grillpfanne oder eine Pfanne mit schwerem Boden erhitzen. Die Hälfte der Garnelen hineingeben und in einer Schicht verteilen. Ca. 2–3 Min. garen, bis sie an der Unterseite dunkelrosa sind. Wenden und weitere 1–2 Min. garen. In eine vorgewärmte Schüssel geben und mit den übrigen Garnelen ebenso verfahren. Mit Aïoli servieren.

Hummerschwänze mit Chili-Mojito *Hummer ist eine solche Köstlichkeit, dass man dazu einfach eine ebenso schmackhafte Sauce reichen muss. Wenn Sie keine Erfahrung mit der Zubereitung von Hummer haben, kaufen Sie am besten Hummerschwänze, denn sie benötigen nur minimale Vorbereitung und sind sehr ergiebig. Das Rezept ergibt zwei Portionen, für mehr Personen kann man es aber leicht verdoppeln.*

ZUBEREITUNG: 10 Min. zzgl. Marinierzeit
VORBEREITUNG: 8–10 Min.
ERGIBT 2 Portionen

2 rohe Hummerschwänze

fein geriebene Schale und Saft von einer Limette

2 TL Zucker

mehrere Minzezweige, grob gehackt

1/4 TL zerdrückte getrocknete Chilis

1 EL weißer Rum

1 EL mildes Olivenöl

Salz und Pfeffer

Brunnenkresse zum Servieren

1 Mit einer Schere den Panzer auf der flachen Seiten sowie die Fänge abschneiden, um das Fleisch freizulegen. Hummerschwänze längs auf einen hölzernen Spieß stecken, um sie flach zu halten und zu verhindern, dass sie sich beim Garen verformen. Mit der Fleischseite nach oben in eine flache Schüssel legen.

2 Limettenschale und -saft, Zucker, Minze und getrocknete Chilis in eine kleine Schüssel geben und mit dem Ende eines Nudelholzes zerstoßen, um die Minze zu zerkleinern und die Aromen zu vermischen.

3 Dressing über das Hummerfleisch geben. (Wenn Sie das Gericht im Voraus zubereiten, können Sie den Hummer nun abdecken und für mehrere Stunden bis zur weiteren Zubereitung kalt stellen).

4 Mit Öl beträufeln und unter dem vorgeheizten Grill ca. 8–10 Min. garen, bis die Schale rot ist und das Fleisch sich rosa gefärbt hat. Heiß auf einem Brunnenkressebett servieren.

Tipp Das Rezept lässt sich auch auf dem Holzkohlegrill zubereiten. Unter häufigem Wenden grillen, bis sich Schale und Fleisch wie oben beschrieben gefärbt haben.

Flusskrebse mit würziger Koriander-Salsa

Flusskrebse sind kleine Süßwasser-Hummer und wie Hummer eine seltene Delikatesse. Wenn Sie keine bekommen können, verwenden Sie ersatzweise Kaisergranaten oder normale große Garnelen.

VORBEREITUNG: 15 Min.
ZUBEREITUNG: 6–7 Min.
ERGIBT 2 Portionen

2 Tomaten, gehäutet
2 EL mildes Olivenöl
1 TL Kreuzkümmelsamen, leicht zerdrückt
1 TL Koriandersamen, leicht zerdrückt
2 Knoblauchzehen, fein gehackt
1 TL gehackter Zitronenthymian
12 ganze rohe Flusskrebse
1 kleine Avocado, geschält, entsteint und fein gehackt
Salz und Pfeffer

1 Tomaten halbieren und Kerne entfernen. Fruchtfleisch fein würfeln. 1 EL Öl in einer Pfanne erhitzen und Kreuzkümmel- und Koriandersamen sanft 1 Min. anrösten. Knoblauch und Thymian dazugeben und eine weitere Minute garen. Vom Herd nehmen und abkühlen lassen.

2 Einen großen Topf mit gesalzenem Wasser aufkochen und Krebse einzeln hineingeben. Ca. 4–5 Min. kochen, bis sie an die Wasseroberfläche kommen. Gut abtropfen lassen.

3 Krebse flach auf einem Brett ausbreiten und köpfe abschneiden. Schwänze längs halbieren und auf einer Servierplatte anrichten.

4 Kräuter-Gewürz-Mischung mit den Tomaten und der Avocado in einer Schüssel vermengen. Abschmecken und zum Servieren über die Krebse geben.

Teuflische Austern *Ein gutes Rezept, wenn Sie vor der Idee zurückschrecken, Austern roh zu essen. Mit einem speziellen Messer lassen sich die Austern viel leichter aus der Schale lösen.*

VORBEREITUNG: 25 Min.
ZUBEREITUNG: 15 Min.
ERGIBT 4 Portionen

12 Austern

1 TL Senfkörner

75 g Butter

2 Schalotten, fein gehackt

1/2 Selleriestange, fein gehackt

1 Knoblauchzehe, gepresst

1 EL Weißweinessig

1 TL Tabasco-Sauce

1 EL gehackter Schnittlauch

1 EL gehackte glattblättrige Petersilie

reichlich Meer- oder Steinsalz und Pfeffer

1 Zum Auslösen Austern mit einem dicken Tuch umwickelt halten, runde Schalenseite nach unten, und mit einem Messer mit breiter Klinge (am besten einem Austermesser) in die schmale Spalte am aufklappbaren Ende fahren. Messer drehen, um den Muskel abzulösen und die Schalen zu trennen.

2 Obere Schale wegwerfen. Mit der Schneide unter die Auster fahren, um sie zu lösen. Schale dabei immer gerade halten, damit der Saft nicht ausläuft. Austern in eine Grillpfanne legen und mit einer dicken Schicht Salz umsäumen, damit sie nicht verrutschen.

3 Senfsamen in einer Pfanne trocken anrösten, bis sie anfangen aufzuplatzen. Butter, Schalotten und Sellerie dazugeben und 3 Min. anbraten. Knoblauch dazugeben, leicht würzen und weitere 2 Min. braten. Essig, Tabasco und je 2/3 der Kräuter unterrühren.

4 Mischung über die Austern geben und unter dem vorgeheizten Grill ca. 5–8 Min. grillen, bis die Austern gerade fest sind. Mit den übrigen Kräutern bestreut servieren.

Teuflische Austern

Mit Tee geräucherte Venusmuscheln *Für dieses Rezept benötigen Sie eher kleine Muscheln von ca. 5 cm Durchmesser. Nehmen Sie keine zu großen, da sie sonst zäh werden. Die ganz kleinen eignen sich am besten für Saucen. Sie können die Muscheln im Voraus garen, sie brauchen kurz vor dem Servieren dann nur noch geräuchert zu werden.*

VORBEREITUNG: 25 Min.
ZUBEREITUNG: 20 Min.
ERGIBT 4 Portionen

50 ml Weißwein

2 Knoblauchzehen, gepresst

1 kg Venusmuscheln, gesäubert (siehe S. 12)

4 EL stark aromatische Teeblätter (wie z.B. Jasmin)

4 EL Langkornreis

75 ml Rotweinessig

50 ml Erdnussöl oder mildes Olivenöl

1 EL Sesamöl

1 mittelscharfe rote Chili, entkernt und in feine Scheiben geschnitten

1 EL klarer Honig

3 EL gehackter Schnittlauch

Salz und Pfeffer

1 Wein und Knoblauch in einem großen Topf aufkochen. Muscheln hineinschütten, mit einem dicht schließenden Deckel abdecken und ca. 4–5 Min. kochen, bis die Schalen sich geöffnet haben. Abgießen und alle Muscheln wegwerfen, die sich nicht geöffnet haben.

2 Eine große Pfanne mit schwerem Boden mit Alufolie auslegen und Teeblätter und Reis hineinstreuen. Ein kleines Gitter darauf legen (ideal ist ein kleines Metallgitter zum Abkühlen). Pfanne erhitzen, bis die Mischung anfängt zu rauchen.

3 Hitze reduzieren und Muscheln auf dem Gitter verteilen. Mit einem Zelt aus Folie abdecken und bei niedrigster Temperatur 15 Min. räuchern.

4 In der Zwischenzeit Essig, Öle, Chili, Honig, Schnittlauch und Gewürze vermischen. Muscheln in eine vorgewärmte Schale füllen und das Dressing darüber geben. Warm servieren.

Muschelgratin *Miesmuscheln unter einer Kräuter-Knoblauch-Kruste passen bestens zu einem Aperitif. Wahlweise als Vorspeise auf Bittersalat anrichten. Am besten recht große Muscheln verwenden, das macht die Zubereitung weniger knifflig.*

VORBEREITUNG: 20 Min.
ZUBEREITUNG: 10 Min.
ERGIBT 4 Portionen

4 EL Weißwein
500 g Miesmuscheln, gesäubert (siehe S. 13)
75 g Crème fraîche
50 g Butter
2 Knoblauchzehen, gepresst
75 g Brotkrumen
4 EL fein gehackte gemischte Kräuter (wie Estragon, Petersilie, Dill und Thymian)
Salz und Pfeffer

1 Wein in einem großen Topf sprudelnd aufkochen. Muscheln hineinschütten, mit einem dicht schließenden Deckel abdecken und ca. 4–5 Min. kochen, bis sich die Schalen geöffnet haben. Abgießen, Sud aufbewahren und alle Muscheln wegwerfen, die sich nicht geöffnet haben.

2 Muscheln aus der Schale lösen. Schalen auseinander brechen und die Hälfte (dabei die größten wählen) in einer Schicht auf einem mit Folie ausgelegten Grillgitter ausbreiten. In jede Schale eine Muschel legen.

3 Crème fraîche mit 4 EL des Suds mischen und über die Muscheln geben.

4 Butter in einer Pfanne zergehen lassen und Knoblauch, Brotkrumen, Kräuter, etwas Salz und Pfeffer einrühren. Mischung über die Muscheln geben. Unter einem auf mittlere Temperatur vorgeheizten Grill gratinieren, bis sie leicht geröstet sind.

Jakobsmuscheln mit Spargelpüree und Speckstreifen *ergeben im Handumdrehen ein ganz besonderes Fischgericht.*

VORBEREITUNG: 15 Min.
ZUBEREITUNG: 25 Min.
ERGIBT 4 Portionen

1/2 kleine Lauchstange

300 g grüner Spargel

50 g Butter

2 EL Sahne

75 g durchwachsener Speck in dünnen Scheiben

12 große Jakobsmuscheln, ausgelöst (siehe S. 12)

Salz und Pfeffer

4 EL gehackter Kerbel oder Petersilie zum Servieren

1 Lauch putzen und in Scheiben schneiden. Vom Spargel holzige Enden abschneiden und Stangen in 5-cm-Stücke schneiden. 15 g Butter in einer Pfanne zerlassen und Lauch in ca. 5 Min. weich dünsten. Spargel dazugeben, abdecken und auf niedrigster Stufe ca. 6–7 Min. garen, bis er gerade weich ist.

2 Mischung in der Küchenmaschine zu einem feinen Püree zerkleinern. Sahne untermischen und Püree in einen kleinen Topf geben.

3 Speckscheiben erst längs, dann quer halbieren, um kurze Streifen zu erhalten. In einer sauberen Pfanne knusprig und goldbraun anbraten. Abtropfen lassen und warm stellen.

4 Püree vorsichtig erwärmen, während Sie die Muscheln zubereiten. Muscheln in die stark erhitzte Pfanne geben, leicht salzen und pfeffern und auf jeder Seite 2–3 Min. anbraten.

5 Püree auf Teller geben und Muscheln und Speck darauf anrichten. Restliche Butter zerlassen und über die Muscheln träufeln. Mit Kerbel oder Petersilie bestreut servieren.

Jakobsmuscheln mit Spargelpüree und Speckstreifen

Kalmar mit Fetafüllung *Ein tolles Gericht für ein Barbecue, wenn Sie nach etwas Ausgefallenem suchen. In einer Grillpfanne klappt es aber genauso gut. Gut verpackt hält sich der vorbereitete und gefüllte Kalmar über Nacht im Kühlschrank.*

VORBEREITUNG: 25 Min. zzgl. Kühlzeit
ZUBEREITUNG: 15–20 Min.
ERGIBT 6 Portionen

40 g Bulgur

2 Knoblauchzehen, grob gehackt

2 Frühlingszwiebeln, in dicke Scheiben geschnitten

jeweils mehrere kleine Minze- und Petersilienzweige

fein geriebene Schale von einer Zitrone

4 EL Olivenöl

200 g Feta

12 Kalmartuben, je ca. 10–12 cm lang, gesäubert (siehe S. 13)

Salz und Pfeffer

1 Bulgur in einen Topf geben und mit reichlich kochendem Wasser bedecken. Ca. 8–10 Min. kochen, bis er gerade weich ist. In einem Sieb abtropfen und abkühlen lassen.

2 Knoblauch, Frühlingszwiebeln, Kräuter, Zitronenschale und ein wenig Salz und Pfeffer in die Küchenmaschine geben und fein zerkleinern. 2 EL Öl und den Bulgur dazugeben und Feta hineinbröckeln. Kurz mixen, bis die Mischung krümelig aber noch nicht zu fein zerkleinert ist.

3 Mischung mit einem kleinen Teelöffel in die Kalmartuben füllen. Jede Tube auf einen Spieß stecken. Dabei Spieß erst durch das schmale Ende der Tube und dann zurück durch beide Seiten des breiten Endes schieben, um die Füllung zu fixieren. Mit dem übrigen Öl bestreichen und etwas Pfeffer bestreuen.

4 Auf dem Grill oder in der vorgeheizten Grillpfanne 5–10 Min. garen, bis der Kalmar Farbe bekommt. Dabei einmal wenden. Heiß servieren.

Kalmar schwarz-weiß *Nehmen Sie mittelgroße Kalmartuben für dieses Rezept. Sehr kleine rollen sich auf, große sind zu grob.*

VORBEREITUNG: 15 Min.
ZUBEREITUNG: 6–8 Min.
ERGIBT 4 Portionen

500 g mittelgroße Kalmartuben von ca. 10–12 cm Länge, gesäubert (siehe S. 13)

1/2 TL Szechuan-Pfefferkörner, zerdrückt

1/4 TL schwarze Pfefferkörner, zerdrückt

1/2 TL Meersalz

4 EL Sonnenblumenöl

1 mittelscharfe rote Chili, entkernt und in feine Scheiben geschnitten

Salat:

1/2 Salatgurke, geschält

50 g Brunnenkresse

2 Frühlingszwiebeln, gehackt

2 EL dunkle Sojasauce

2 EL Sesamöl

2 TL Zucker

1 Für den Salat Gurke in lange, feine Streifen schneiden. Mit Kresse und Zwiebeln mischen. Sojasauce mit Sesamöl und Zucker in einer kleinen Schüssel verrühren.

2 Kalmartuben längs halbieren, sodass je 2 flache Dreiecke entstehen. Mit der Spitze eines scharfen kleinen Messers Tuben innen einritzen, ohne sie durchzuschneiden. Fischstücke auf Küchenpapier trocken tupfen. Beide Pfeffer mit dem Salz mischen.

3 2 EL Öl in einer großen Pfanne erhitzen und Chili 15–30 Sek. anbraten, bis sie Farbe bekommt. Mit einem Schaumlöffel herausheben. Die Hälfte des Tintenfischs in die Pfanne geben und ca. 2–3 Min. anbraten, bis er Farbe bekommt. Mit einem Schaumlöffel abtropfen lassen und zweite Hälfte im restlichen Öl anbraten.

4 Den ganzen Fisch in die Pfanne geben, mit der Salz-Pfeffer-Mischung bestreuen und pfannenrühren, bis er gleichmäßig überzogen ist. Auf Teller geben und mit der Chili bestreuen. Jede Portion mit etwas Salat anrichten und mit Dressing beträufeln.

Bohnen-Anchovis-Tapas

Alle Zutaten für dieses Rezept haben Sie bestimmt im Vorratsschrank und zusammen ergeben sie eine köstliche Vorspeise für unerwarteten Besuch. Als Tapas mit warmem Brot, um das Öl aufzutunken, einer Schale Oliven und ein paar gesalzenen Mandeln servieren.

VORBEREITUNG: 15 Min.
ZUBEREITUNG: 10 Min.
ERGIBT 4–6 Portionen

350 g dicke Bohnen mit Hülsen
100 g Anchovisfilets in Olivenöl aus der Dose
5 EL extra natives Olivenöl
1 kleine rote Zwiebel, fein gehackt
2 Knoblauchzehen, gepresst
1 TL fein gehackter Rosmarin
Pfeffer

1 Bohnen in einem Topf mit kochendem Wasser ca. 5 Min. kochen, bis sie weich sind. Abtropfen lassen und mit kaltem Wasser abspülen. Bohnen enthülsen und in eine Schüssel geben.

2 Anchovis abtropfen (das Öl aufbewahren) und die Filets in schräge, ca. 1 cm breite Streifen schneiden.

3 1 EL Olivenöl in einer Pfanne erhitzen und die Zwiebel ca. 5 Min. andünsten, bis sie weich ist. Knoblauch und Rosmarin unterrühren und 1 Min. anbraten.

4 Anchovisstreifen, das aufbewahrte Öl und das restliche Olivenöl hinzufügen. In die Schale mit den Bohnen geben und alles gut vermengen. Mit etwas Pfeffer abschmecken. Abdecken und bis zum Servieren kühl stellen.

Pissaladière *Schnell und einfach gemacht und trotzdem lecker ist dieser buttrige Zwiebel-Oliven-Kuchen aus der Provence. Bereiten Sie den Teig rechtzeitig zu, damit er vor dem Ausrollen kühlen kann.*

VORBEREITUNG: 30 Min. zzgl. Kühlzeit
ZUBEREITUNG: 45 Min.
ERGIBT 6 Portionen

225 g Mehl

175 g leicht gesalzene Butter in kleinen Würfeln

1 TL Zitronensaft

5 EL Olivenöl

500 g Zwiebeln in feinen Scheiben

1 EL gehackter Zitronenthymian

200 g frische Anchovisfilets oder Whitebait (Sardinenart)

eine Handvoll schwarze Oliven

Pfeffer

gehackte Petersilie zum Servieren

1 Mehl und Butter in eine Schüssel geben. Zitronensaft mit 100 ml eiskaltem Wasser mischen und dazugeben. Mit einem Teigschaber vermischen, bis der Teig geschmeidig ist.

2 Teig auf einer bemehlten Arbeitsfläche auf 30x10 cm ausrollen. Unteres Drittel nach oben und oberes Drittel nach unten falten, so dass ein dreilagiges Quadrat entsteht. Teig um 90° wenden, dann Ausrollen, Falten und Drehen noch viermal wiederholen, einpacken und 30 Min. kühl stellen.

3 3 EL Öl in einer Pfanne erhitzen und Zwiebeln dazugeben. 20 Min. sanft andünsten, dabei oft umrühren, bis die Zwiebeln goldbraun sind. In den letzten Minuten den Thymian dazugeben.

4 Teig auf einer leicht bemehlten Fläche dünn ausrollen und in 6 Stücke à 10x10 cm schneiden. Auf ein leicht gefettetes Blech legen und Ränder der Teigstücke nach oben biegen, um Förmchen zu bilden. Mit den Zwiebeln bestreuen, dabei bis an die Ränder belegen.

5 Mit Fisch und Oliven belegen, dem restlichen Öl beträufeln und etwas Pfeffer darüber streuen. Im vorgeheizten Ofen bei 220 °C (Gas Stufe 7) ca. 20–25 Min. backen, bis der Teig goldbraun ist. Mit Petersilie bestreut kalt oder warm servieren.

Meerbarben-Tartelettes mit Sauce Vierge *Mit dem Belag aus Meerbarbe, Tomaten und einer farbenprächtigen Sauce machen diese Törtchen optisch besonders viel her.*

VORBEREITUNG: 25 Min.

ZUBEREITUNG: 30 Min.

ERGIBT 6 Portionen

8 Meerbarbenfilets

100 ml extra natives Olivenöl

1 TL Koriandersamen, zerdrückt

15 g frische Kräuter (wie Petersilie, Basilikum und Schnittlauch), fein gehackt

2 Knoblauchzehen, gepresst

fein geriebene Schale und Saft von einer Zitrone

400 g Blätterteig (ggf. aufgetaut)

1 Eigelb zum Glasieren

350 g Cherry-Tomaten, halbiert

Salz und Pfeffer

1 Fischfilets würzen. 2 EL Öl in einer großen Pfanne erhitzen und Filets kurz auf beiden Seiten anbraten. In grobe Stücke schneiden.

2 Koriandersamen, Kräuter, Knoblauch, Zitronenschale und -saft, restliches Öl und etwas Salz und Pfeffer in einer kleinen Schüssel verrühren. Mischung in einen kleinen Topf geben, um sie aufwärmen zu können.

3 Teig auf einer leicht bemehlten Fläche ausrollen und 6 Kreise à 12 cm Ø mit einem Teigrädchen oder einem Schälchen ausstechen. Auf ein leicht gefettetes Backblech geben. Mit einem scharfen Messer 1 cm vom Rand entfernt rundherum leicht einschneiden. Ränder mit Eigelb bestreichen. Im vorgeheizten Ofen bei 220 °C (Gas Stufe 7) ca. 15 Min. backen, bis der Teig aufgegangen und goldbraun ist. Aufgegangenen Teig aus der Mitte der Törtchen herauslösen.

4 Törtchen mit Tomaten und Fisch füllen und weitere 10 Min. in den Ofen geben. In der Zwischenzeit Sauce aufwärmen. Auf Tellern anrichten und jeweils etwas Sauce darüber geben.

Meerbarben-Tartelettes mit Sauce Vierge

Makrelen und Wildreis à la Niçoise *Mit frischen Makrelen zubereitet hebt sich dieser bunte Salat wesentlich von der üblichen Variante mit Dosen-Thunfisch ab. Alternativ frische Thunfischsteaks verwenden und in etwas Olivenöl 2–3 Minuten auf jeder Seite anbraten, bis sie innen gerade rosa sind.*

VORBEREITUNG: 20 Min.
ZUBEREITUNG: 25 Min.
ERGIBT 3–4 Portionen

100 g Wildreis
150 g Brechbohnen, halbiert
300 g große Makrelenfilets
6 EL Olivenöl
12 schwarze Oliven
8 eingelegte Anchovisfilets, abgetropft und halbiert
250 g Cherry-Tomaten, halbiert
3 hart gekochte Eier, geviertelt
1 EL Zitronensaft
1 TL französischer Senf
2 EL gehackter Schnittlauch
Salz und Pfeffer

1 Reis in reichlich kochendem Wasser ca. 20–25 Min. kochen, bis er weich ist. (Die Körner fangen an aufzuplatzen, wenn sie gar sind.) Bohnen dazugeben und 2 Min. kochen.

2 In der Zwischenzeit Makrelen auf ein mit Alufolie ausgelegtes Grillblech geben und mit 1 EL Öl bestreichen. Ca. 8–10 Min. grillen, bis sie durch sind. Abkühlen lassen.

3 Reis und Bohnen in einer kleinen Salatschüssel mit Oliven, Anchovis, Tomaten und Eiern mischen. Makrelen zerkleinern, dabei alle Gräten entfernen, und in die Schüssel geben.

4 Übriges Öl mit Zitronensaft, Senf, Schnittlauch und etwas Salz und Pfeffer verrühren und zum Salat geben. Zutaten leicht vermengen, abdecken und bis zum Servieren kühl stellen.

Sardinensalat mit Kräuter-Kapern-Dressing

Natürlich sind gegrillte Sardinen lecker, aber sie sind viel variabler als man vielleicht denken könnte. Dieser frische Salat schmeckt als Vorspeise – am besten im Freien! – oder als leichte Mahlzeit für Zwei.

VORBEREITUNG: 20 Min.
ZUBEREITUNG: 50 Min.
ERGIBT 4 Portionen

400 g junge, rohe Rote Bete

6 EL extra natives Olivenöl

500 g Sardinen, ausgenommen, ohne Kopf und Schwanzflosse

1 kleine Knoblauchzehe, fein gehackt

1 EL Zitronensaft

1 TL fein gehackter Rosmarin

2 EL Kapern, abgespült und abgetropft

50 g Rauke oder Brunnenkresse

125 g milder Ziegenkäse

Salz und Pfeffer

1 Rote Bete putzen, säubern und in schmale Spalten schneiden. In einen kleinen Bräter geben und mit 1 EL Öl vermischen. Im vorgeheizten Ofen bei 200 °C (Gas Stufe 6) ca. 40 Min. backen, bis die Rote Bete weich ist. Sardinen in den Bräter geben und mit 1 EL Öl beträufeln. Weitere 10 Min. backen, bis die Sardinen gar sind.

2 Restliches Öl, Knoblauch, Zitronensaft, Rosmarin und Kapern vermischen. Mit Salz und Pfeffer abschmecken.

3 Sardinen entlang des Rückgrats aufschneiden und Filets ablösen.

4 Salatblätter auf Teller geben und Rote Bete und Sardinen darauf anrichten. Ziegenkäse zerkrümeln oder klein schneiden. Über den Salat streuen und Dressing darüber träufeln.

Thunfisch-Polpettes *werden aus zerkleinertem Fleisch oder Fisch gemacht und sind die mediterrane Version der Frikadelle. Mit Schwertfisch oder Hai gelingen sie ebenso gut.*

VORBEREITUNG: 20 Min.

ZUBEREITUNG: 35 Min.

ERGIBT 4 Portionen

25 g Brot

2 EL Milch

1 kleine rote Zwiebel, fein gehackt

3 EL Olivenöl

500 g frischer Thunfisch, in Stücke geschnitten

Schmortomaten-Sauce (siehe S. 21)

150 g Mozzarella

1 EL fein gehackter Oregano

Salz und Pfeffer

1 Brot in Stücke brechen und in einer Schale mit der Milch einweichen. Zu Brei zerdrücken. Zwiebel in 1 EL Öl in einer Pfanne ca. 5 Min. anbraten, bis sie weich ist. Thunfisch durch den Fleischwolf oder kurz in die Küchenmaschine geben und zerkleinern (nicht zu Brei mixen!).

2 Thunfisch, Zwiebel, Brot, etwas Salz und Pfeffer vermischen. In 8 gleich große Portionen teilen und jede erst zu einem Ball rollen und dann kleine Burger formen.

3 Übriges Öl in einer Pfanne erhitzen und Polpettes auf beiden Seiten braun anbraten. Die Hälfte der Tomatensauce in eine flache Auflaufform geben und Polpettes auf der Sauce anrichten.

4 Mozzarella in 8 dünne Scheiben schneiden und auf die Polpettes legen. Mit Oregano, Salz und Pfeffer bestreuen und im vorgeheizten Ofen bei 180 °C (Gas Stufe 4) ca. 20–25 Min. garen, bis alles erwärmt ist. Inzwischen die restliche Sauce zum Servieren erwärmen.

Thunfisch-Polpettes

Sushi *Diese vereinfachte Version des gerollten Sushi ist geschmacklich ähnlich, aber doppelt so schnell gemacht. Sie können alle Fischarten kombinieren, der Fisch muss nur absolut frisch sein.*

VORBEREITUNG: 30 Min. zzgl. Kühlzeit
ZUBEREITUNG: 15 Min.
ERGIBT 4–6 Portionen

225 g japanischer Sushi-Reis
4 Frühlingszwiebeln, fein zerkleinert
4 EL gewürzter Reisessig
1 EL Zucker
25 g eingelegter Ingwer, zerkleinert
1 EL geröstete Sesamsamen
100 g Wildlachs
1 großes Seezungenfilet
3–4 Nori-Blätter
10 geschälte, gekochte Garnelen
helle Sojasauce zum Servieren

1 Reis mit 450 ml Wasser in einen Topf mit schwerem Boden geben. Langsam aufkochen, Hitze reduzieren und halb abgedeckt ca. 5–8 Min. köcheln lassen, bis der Reis weich und klebrig ist. In eine Schüssel geben und abkühlen lassen.

2 Frühlingszwiebeln, Essig, Zucker, Ingwer und Sesam unter den Reis rühren. Lachs und Seezunge in schmale Streifen schneiden.

3 Die Nori-Blätter mit einer Schere in Quadrate von 6 cm Länge schneiden. Hände anfeuchten und Reis zu kleinen ovalen Bällchen formen. Diagonal auf den Nori-Quadraten anrichten.

4 Die seitlichen Enden der Nori-Blätter über den Reis falten und auf jedes Sushi eine Stück Fisch oder eine Garnele legen. Auf einer Platte anrichten und mit Sojasauce zum Dippen servieren.

Sushi

Hauptgerichte *Es gibt so unendlich viele köstliche Möglichkeiten Fisch als Hauptspeise zuzubereiten, dass man unmöglich alle Rezepte in einem Kapitel aufführen kann. Auf den folgende Seiten finden Sie eine Auswahl der besten, von Klassikern hin zu kreativen, ungewöhnlicheren Ideen. Gleich ob Sie leckere Filets auf dem Grill oder in der Pfanne braten oder etwas Komplizierteres ausprobieren wollen, wie etwa das Garen in einer Salzkruste – die meisten Rezepte können an den Fisch angepasst werden, den sie gerade zur Verfügung haben. Im Gegensatz zu vielen Fleischgerichten sind Fischgerichte fast endlos variabel.*

Meerbrasse in der Salzkruste *Diese spanische Garmethode eignet sich mit am besten, um ganz frischen Fisch zu genießen. Aroma und Saftigkeit werden so bewahrt, ohne dass der Fisch zu salzig schmeckt.*

VORBEREITUNG: 15 Min.

ZUBEREITUNG: 25 Min.

ERGIBT 4 Portionen

1,75 kg grobes Meersalz

1,25–1,5 kg Meerbrasse

1 kleines Bund Kräuter (wie Thymian, Petersilie, Fenchelgrün)

1 Zitrone, in Scheiben

Pfeffer

Aïoli (siehe S. 20), Zitronenspalten und zusätzliche Kräuter zum Servieren

1 Einen Bräter, der groß genug ist, um den Fisch im Ganzen hineinzulegen, mit Alufolie auslegen und Boden mit einer dünnen Schicht Salz bedecken. Fisch abspülen, aber nicht trocken tupfen, und, falls nötig diagonal, auf das Salz legen. Mit Kräutern und Zitrone füllen und mit schwarzem Pfeffer würzen.

2 Folie um den Fisch herum hoch ziehen, sodass der Salzrand etwa 1,5 cm breit ist.

3 Fisch mit einer etwa 1 cm dicken Salzschicht gleichmäßig bedecken. Salz mit etwas Wasser besprenkeln. Im vorgeheizten Ofen 25 Min. bei 200 °C (Gas Stufe 6) backen. Um zu prüfen, ob der Fisch durch ist, einen Metallspieß an der dicksten Stelle in den Fisch stecken, einige Sekunden stecken lassen und herausziehen. Der Fisch ist durch, wenn der Spieß sehr heiß ist.

4 Salzkruste und Haut entfernen. Fisch in großen Stücken servieren, dann Rückgrat und Kopf entfernen, sodass Sie das untere Filet servieren können. Mit Zitronenspalten, Aïoli und Kräutern servieren.

Tipp Einige Weißfischarten können auf diese Weise im Ganzen serviert werden. Seebarsch oder Schnapper eignen sich sehr gut oder, falls erhältlich, ein kleiner Steinbutt.

Meerbrasse in der Salzkruste

Geschmorter Kabeljau mit Linsen *Das Bett aus Knoblauch-Linsen und Tomaten macht dieses Gericht farblich und geschmacklich sehr abwechslungsreich. Mit gekochten neuen Kartoffeln oder dicken Scheiben Brot, um die Sauce aufzutunken, servieren. Auf Seite 16 finden Sie Alternativen, was Sie anstelle von Kabeljau verwenden können.*

VORBEREITUNG: 15 Min.
ZUBEREITUNG: 40 Min.
ERGIBT 4 Portionen

150 g Puy-Linsen
3 EL extra natives Olivenöl
1 große Zwiebel, fein gehackt
3 Knoblauchzehen, in Scheiben geschnitten
mehrere Zweige Rosmarin und Thymian
200 ml Fischbrühe (siehe S. 17)
4 dicke Kabeljaufilets, gehäutet
8 kleine Tomaten
Salz und Pfeffer
2 EL gehackte glattblättrige Petersilie zum Servieren

1 Linsen in reichlich Wasser 15 Min. kochen. Abtropfen lassen.

2 In der Zwischenzeit 1 EL Öl in einer Pfanne erhitzen und die Zwiebel 5 Min. darin andünsten. Knoblauch unterrühren und weitere 2 Min. dünsten.

3 Linsen, Rosmarin, Thymian, Brühe und etwas Salz und Pfeffer in die Pfanne geben und aufkochen.

4 In eine flache, ofenfeste Form füllen und Kabeljau darauf anrichten. Tomaten an der Oberseite rundherum einritzen und um den Fisch herum platzieren. Mit dem restlichen Öl beträufeln.

5 Ohne die Form abzudecken im vorgeheizten Ofen bei 180 °C (Gas Stufe 4) ca. 25 Min. backen, bis der Fisch durchgegart ist. Mit Petersilie bestreut servieren.

Seebarsch aus der Pfanne mit Zitronen-Kapern-Butter

Wenn Sie nur kleine Seebarsche im Ganzen bekommen können, nehmen Sie stattdessen besser dicke Heilbutt-, Seeteufel- oder Hechtfilets.

Vorbereitung: 20 Min.
Zubereitung: 25 Min.
Ergibt 4 Portionen

875 g große Kartoffeln
4 Seebarschfilets, jedes ca. 200 g
1 Zitrone
100 g Butter
2 EL Olivenöl
2 EL Kapern, abgespült und abgetropft
6 EL gehackte gemischte Kräuter (wie Petersilie, Estragon, Dill und Kerbel)
Pfeffer

1 Kartoffeln in große Stücke schneiden und in reichlich leicht gesalzenem Wasser weich kochen. In der Zwischenzeit Fischfilets von Gräten befreien und mit Küchenpapier trocken tupfen. Von allen Seiten leicht pfeffern. Mit einem Sparschäler die Schale von der Zitrone lösen und den Saft auspressen.

2 Während die Kartoffeln kochen, 15 g Butter in einer großen Pfanne zusammen mit dem Öl zerlassen. Fischfilets mit der Hautseite nach unten (falls nicht gehäutet) hineingeben und ca. 5 Min. sanft anbraten, bis die Haut sich leicht verfärbt. Wenden und weitere 5 Min. braten, bis sie durch sind. Abtropfen lassen und warm stellen.

3 Kartoffeln abgießen und im Sieb leicht zerdrücken, sodass sie in kleine Stücke zerbröckeln, aber nicht zu Brei zerfallen. Im Kartoffel-Topf weitere 25 g Butter schmelzen. Kartoffeln mit reichlich Pfeffer wieder in den Topf geben und verrühren.

4 Restliche Butter in der Pfanne zerlassen, Kapern, Kräuter und Zitronensaft dazugeben und verrühren, bis die Butter geschmolzen ist.

5 Kartoffeln auf Tellern anhäufen, Fisch darauf anrichten und Kräutersauce darüber geben. Mit Zitronenschale bestreuen.

Fish and Chips *werden bei uns anders als in England nicht am Imbiss angeboten – deswegen bleibt Ihnen nichts übrig als sie selbst zu machen. So schmecken sie sowieso viel besser.*

VORBEREITUNG: 25 Min.

ZUBEREITUNG: 30 Min.

ERGIBT 4 Portionen

125 g Mehl, zusätzl. etwas zum Bestäuben

1 TL Backpulver

1/4 TL gemahlene Kurkuma

1,5 kg große Kartoffeln

750 g Kabeljau- oder Schellfischfilet am Stück ohne Haut

Sonnenblumen- oder Erdnussöl zum Frittieren

Salz und Pfeffer

Minziges Erbsenpüree (siehe S. 22) zum Servieren

1 Mehl, Backpulver, Kurkuma und 1 Prise Salz vermischen. In die Mitte eine Mulde drücken. 200 ml kaltes Wasser abmessen und die Hälfte in die Mulde geben. Nach und nach mit dem Mehl zu einem weichen Teig verquirlen. Übriges Wasser untermischen.

2 Kartoffeln erst in 1,5 cm breite Scheiben, dann längs in dicke Stifte schneiden. In eine Schüssel mit kaltem Wasser legen.

3 Fleischgräten entfernen, Fisch mit Küchenpapier trocken tupfen und in 4 Portionen schneiden. Leicht salzen und pfeffern und mit Mehl bestäuben. Chips abgießen und mit Küchenpapier gut trocken tupfen.

4 Fritteuse oder eine große stabile Pfanne zu 1/3 mit Öl füllen. Öl auf 180–190 °C erhitzen oder bis ein Löffel Teig in 30 Sek. goldbraun wird. Die Hälfte der Chips in ca. 10 Min. goldbraun frittieren. Abtropfen, warm stellen und die übrigen frittieren.

5 2 Stücke Fisch im Teig wenden und ins heiße Öl geben. Ca. 4–5 Min. frittieren, bis sie knusprigbraun sind. Abtropfen und warm stellen, während Sie den restlichen Fisch frittieren. Mit Erbsenpüree servieren.

Fish and Chips

Gegrillter Hecht mit Tapenade

Hecht gehört zur Kabeljau-Familie und ähnelt diesem, was den köstlichen Geschmack und die Konsistenz angeht. Für jedes Rezept kann man im Prinzip Hecht statt Kabeljau verwenden, und umgekehrt. Dieses Rezept verleiht Hecht eine mediterrane Note – er wird schlicht gegrillt und mit selbst gemachter Tapenade serviert.

VORBEREITUNG: 15 Min.
ZUBEREITUNG: 10 Min.
ERGIBT 4 Portionen

75 g schwarze Oliven ohne Stein
1 Knoblauchzehe, gepresst
4 in Öl eingelegte Anchovisfilets aus der Dose, abgetropft
2 EL Kapern, abgespült und abgetropft
1 TL gehackter Oregano
5 EL extra natives Olivenöl
4 Hechtfilets oder -steaks, je ca. 200 g
Salz und Pfeffer

1 Oliven zusammen mit Knoblauch, Anchovisfilets, Kapern, Oregano und 3 EL in die Küchenmaschine geben.

2 Zu einer dicken Paste mixen, ggf. Reste von den Seiten der Schüssel kratzen. Tapenade mit Pfeffer würzen und in eine kleine Schüssel geben. Abdecken und beiseite stellen.

3 Ggf. Fleischgräten aus den Hechtfilets oder -steaks entfernen. Salzen und pfeffern. Ein Grillblech mit Alufolie belegen und mit etwas Öl bestreichen. Hecht auf die Alufolie legen und mit Öl beträufeln.

4 Unter dem vorgeheizten Grill ca. 8–10 Min. grillen, bis der Fisch durch ist. Auf Teller geben und mit Tapenade garniert servieren.

Seebarsch mit Fenchel aus dem Ofen *Ein ganzer gebratener Fisch auf einem Bett aus mediterranem Gemüse weckt Urlaubsgefühle. Das Gericht kommt mit wenigen Beilagen aus – ein paar Kartoffel-Wedges und Salatblätter genügen. Alternativ Steinbutt verwenden.*

VORBEREITUNG: 20 Min.
ZUBEREITUNG: 25 Min.
ERGIBT 4 Portionen

2 Fenchelknollen

2 rote Zwiebeln

1 kg Seebarsch im Ganzen, geschuppt und ausgenommen

mehrere Zitronenscheiben

1 kleines Bund glattblättrige Petersilie

einige Thymianzweige

8–10 schwarze Oliven

4 in Öl eingelegte Anchovisfilets aus der Dose, abgetropft

5 EL extra natives Olivenöl

Salz und Pfeffer

1 Fenchel und Zwiebeln in dünne Scheiben schneiden und eine große, flache ofenfeste Form damit auslegen. Fisch auf jeder Seite mehrmals einkerben und auf das Gemüse legen. Mit den Zitronenscheiben und der Hälfte der Kräuter füllen.

2 Restliche Kräuter hacken und zusammen mit Oliven und Gewürzen über Fisch und Gemüse streuen.

3 Anchovis fein hacken. In einer kleinen Schüssel zerdrücken, dabei das Olivenöl nach und nach unterrühren.

4 Anchovisöl über Fisch und Gemüse gießen. Im vorgeheizten Ofen bei 200 °C (Gas Stufe 6) ca. 25 Min. backen, bis der Fisch durch und das Gemüse dunkel goldbraun und weich ist.

Variante Ersatzweise mehrere kleine Fische (1 pro Portion) nehmen und in einer Schicht auf das Gemüse legen. Garzeit leicht reduzieren.

Fisch aus der Folie *Portionsweise in Päckchen gegart bewahr*

Fisch sein Aroma und bleibt schön saftig. Kleinere Päckchen ergeben eine hübsche Vorspeise.

VORBEREITUNG: 20 Min.

ZUBEREITUNG: 20 Min.

ERGIBT 4 Portionen

2 EL Sesamöl, zusätzl. etwas zum Bep

4 Hai- oder Schwertfischfilets, je ca. gehäutet

75 Shiitake-Pilze, in Scheiben

50 g Zuckerschoten

1 milde rote Chili, in dünnen Scheiben

40 g frischer Ingwer, gerieben

2 Knoblauchzehen, gepresst

2 EL helle Sojasauce

2 EL Limettensaft

2 EL süße Chili-Sauce

4 EL gehackter frischer Koriander

1 Aus Backpapier 4 Quadrate à 30x30 cm ausschneiden und die Mitte mit etwas Sesamöl bepinseln. In die Mitte eines jeden Quadrats ein Fischfilet legen. Pilze, Zuckerschoten und Chili vermischen und auf den Fisch geben.

2 Sesamöl, Ingwer und Knoblauch vermischen und über das Gemüse träufeln. Backpapier wie bei einem Geschenk über den Fisch falten, Ränder zusammenfalten und etwas flach drücken.

3 Enden flach drücken und umschlagen, um die Päckchen zu verschließen. Päckchen auf ein Backblech legen und im vorgeheizten Ofen bei 190 °C (Gas Stufe 5) 20 Min. backen. Ein Päckchen öffnen und prüfen, ob der Fisch durch ist. Falls nicht, für einige weitere Minuten in den Ofen geben.

4 In der Zwischenzeit Sojasauce, Limettensaft, Chilisauce und Koriander mischen. Päckchen öffnen und Dressing vor dem Servieren über den Fisch geben.

Fisch aus der Folie

Gebratener Seeteufel mit Prosciutto *Seeteufel mit seiner festen, saftigen Konsistenz eignet sich in dicke Filets geschnitten bestens, um ihn mit Zutaten wie Knoblauch und Rosmarin, die man oft auch für einen traditionellen Fleischbraten benutzt, zu braten. Mit einem cremigen Püree und gedünstetem Gemüse servieren.*

VORBEREITUNG: 15 Min.
ZUBEREITUNG: 30 Min.
ERGIBT 5–6 Portionen

1,5 kg Seeteufelschwanz
75 g Prosciutto
3 Knoblauchzehen, gepresst
2 TL gehackter Rosmarin
1 TL fein geriebene Zitronenschale
4 EL Olivenöl
300 ml Weißwein
150 ml Crème fraîche
Salz und Pfeffer

1 Seeteufel entgräten (siehe S. 11), sodass 2 große Filets entstehen. Prosciutto fein hacken und mit Knoblauch, Rosmarin, Zitronenschale und etwas Pfeffer mischen.

2 Eines der Seeteufelfilets mit der Masse bestreichen und das zweite darauf legen, und zwar jeweils ein dünnes und ein dickes Ende aufeinander, sodass der „Braten" überall gleich dick ist.

3 Den Fisch in Abständen von 5 cm mit Küchengarn abbinden und in einen Bräter legen. Mit Öl beträufeln und im vorgeheizten Ofen bei 200 °C (Gas Stufe 6) ca. 25 Min. braten, bis der Fisch durch ist.

4 In der Zwischenzeit Wein in einen Topf geben und bei großer Hitze schnell auf etwa die Hälfte einkochen.

5 Fisch aus dem Ofen nehmen und auf einer Platte anrichten. Garn entfernen, mit Alufolie abdecken und warm halten, während Sie die Sauce zubereiten. Eingekochten Wein und Crème fraîche in den Bräter geben und aufkochen. Dabei rühren, bis die Sauce glatt ist. Abschmecken und zum Fisch servieren.

Seeteufel-Safran-Risotto

Aufgrund seiner festen, fleischigen Konsistenz ist Seeteufel ideal für Risotto, weil er nicht zerfällt, wenn man ihn unter den cremigen Reis rührt.

VORBEREITUNG: 25 Min.
ZUBEREITUNG: 25 Min.
ERGIBT 3–4 Portionen

500 g Seeteufel, entgrätet (siehe S. 11)
50 g Butter
1 Zwiebel, gehackt
2 Knoblauchzehen, gepresst
250 g Risottoreis
1 Glas trockener Weißwein
1 TL Safranfäden
2 TL gehackter Zitronenthymian, zusätzl. etwas zum Servieren
1 l heiße Fischbrühe (siehe S. 17)
Salz und Pfeffer
geriebener Parmesan zum Servieren

1 Fisch in Stücke schneiden und leicht würzen. Die Hälfte der Butter in einer großen Pfanne zerlassen und die Zwiebel sanft andünsten, bis sie weich aber nicht braun ist. Fisch hinzugeben und unter Rühren 2 Min. garen. Fisch herausheben und Knoblauch in die Pfanne geben. 1 Min. garen.

2 Reis einstreuen und 1 Min. sanft anbraten. Wein hinzufügen und sprudelnd kochen, bis er fast verdunstet ist.

3 Safran, Thymian und eine Schöpfkelle voll Brühe hinzufügen. Unter Rühren kochen, bis der Reis die Brühe aufgenommen hat. Brühe schöpfkellenweise hinzufügen, dabei den Reis unter Rühren weiter kochen, bis er die Flüssigkeit jeweils fast aufgesogen hat.

4 Nach ca. 20 Min. die Konsistenz des Reis prüfen. Er sollte cremig-zart sein, aber im Kern noch Biss haben. Evtl. brauchen Sie nicht die ganze Brühe. Abschmecken und Fisch unterrühren. Erwärmen und sofort mit Parmesan und Thymian bestreut servieren.

Fish Pie *ist in England ein nach wie vor beliebter Klassiker. Eine einfache Version wird schlicht mit Kabeljau gemacht, luxuriöser wird's mit Jakobsmuscheln oder Garnelen.*

VORBEREITUNG: 30 Min.

ZUBEREITUNG: 1 Std.

ERGIBT 6 Portionen

1 kg Kabeljaufilet, gehäutet

3 EL Milch

275 g Jakobsmuscheln oder rohe geschälte Garnelen

1,25 kg mehlige Kartoffeln

25 g Butter

3 große Schalotten, fein gehackt

4 EL gehackter Estragon

4 EL gehackte Petersilie

125 g Gruyère, gerieben

Cremige Béchamelsauce (siehe S. 18)

Salz und Pfeffer

1 Kabeljau mit Milch und Gewürzen in eine Pfanne geben. Abgedeckt 5 Min. köcheln. Muscheln oder Garnelen dazugeben und abgedeckt weitere 2 Min. köcheln. Abtropfen und abkühlen lassen. Sud aufbewahren.

2 Einen Topf mit leicht gesalzenem Wasser aufkochen. Kartoffeln in dünne Scheiben schneiden und in den Topf geben. Wieder aufkochen und ca. 6–8 garen, bis sie gerade weich sind. Butter in der ausgespülten Pfanne zerlassen und Schalotten 5 Min. andünsten. Kräuter unterrühren.

3 Fisch in große Stücke zerpflücken, dabei alle Gräten entfernen, und in eine große, flache ofenfeste Form geben. Muscheln oder Garnelen, Schalotten und Kräuter hinzufügen.

4 Zwei Drittel des Käse zusammen mit dem Sud in die Béchamelsauce geben. Die Hälfte über den Fisch gießen. Kartoffeln darauf schichten und restliche Sauce darüber gießen. Mit dem restlichen Käse bestreuen. Im vorgeheizten Ofen bei 190 °C (Gas Stufe 5) ca. 40 Min. backen, bis der Pie goldbraun ist.

Fish Pie

Frittierter Schnapper mit würziger Pflaumensauce

Fisch im Ganzen zu frittieren ist eine asiatische Garmethode, die gut mit Fischen mit fester Konsistenz klappt. Ein Fisch von 400 g ergibt eine Portion, 625 g reichen für Zwei. Meerbrasse oder Seebarsch eignen sich besonders gut.

VORBEREITUNG: 15 Min.
ZUBEREITUNG: 20 Min.
ERGIBT 2 Portionen

625 g Schnapper, geschuppt und ausgenommen
1/2 TL Szechuan-Pfeffer, zerdrückt
150 ml Erdnuss- oder Sonnenblumenöl
1 rote Schalotte, fein gehackt
1 Knoblauchzehe, zerdrückt
25 g frischer Ingwer, gerieben
1 EL heller Rohrzucker
500 g rote Pflaumen, halbiert und entsteint
1 TL chinesisches Fünf-Gewürz-Pulver
Salz

1 Fisch auf beiden Seiten schräg einkerben. Pfeffer mit Salz mischen und Fisch von innen und außen damit einreiben.

2 2 EL Öl in einer Pfanne erhitzen. Schalotten dazugeben und ca. 5 Min. andünsten, bis sie weich sind. Knoblauch, Ingwer, Zucker und Pflaumen unterrühren und mit einem Deckel oder Alufolie abdecken. Ca. 10 Min. sanft köcheln lassen, bis die Pflaumen breiig sind, aber noch etwas Konsistenz haben.

3 In der Zwischenzeit das restliche Öl in eine große Pfanne oder einen Wok geben und erhitzen, bis es gerade anfängt zu rauchen. Fisch hineingleiten lassen und 5 Min. frittieren, dabei mit der Schwanzflosse hin und her bewegen, sodass er nicht am Pfannenboden anklebt. Fisch vorsichtig wenden und auf der anderen Seite ebenfalls ca. 5 Min. frittieren, bis er durch ist. Abtropfen lassen und auf eine vorgewärmte Platte legen.

4 Fünf-Gewürz-Pulver zu den weichen Pflaumen geben und unterrühren. Die Pflaumen sollten weich und leicht breiig, aber nicht püreeartig sein. Sauce über den Fisch geben und servieren.

Rochen mit Balsamico-Butter und Kapern *Ein schönes Abendessen für unter der Woche, dass einfach gemacht ist, fast keine Vorbereitung benötigt und doch sehr aromatisch ist. Mit neuen Kartoffeln und einem Blattsalat servieren.*

VORBEREITUNG: 5 Min.
ZUBEREITUNG: 15 Min.
ERGIBT 2 Portionen

2 TL Mehl
2 Rochenflügel, je ca. 200 g
50 g Butter
3 EL Balsamico-Essig
1 EL Kapern, abgespült und abgetropft
Salz und Pfeffer

1 Mehl mit etwas Salz und Pfeffer würzen und den Rochen damit bestäuben.

2 Ein Stückchen Butter in einer großen Pfanne zerlassen und den Rochen vorsichtig auf beiden Seiten je ca. 5 Min. anbraten, bis er durch ist. Abtropfen lassen, auf eine Platte geben und warm halten.

3 Übrige Butter, Essig und Kapern in die Pfanne geben und unter Rühren kochen, bis die Sauce blubbert und sirupartig ist. Abschmecken und über den Rochen geben.

Schnapper brasilianischer Art *Bei diesem farbenprächtigen Gericht wird der Fisch in einen würzig-aromatischen Geschmack eingehüllt. Alternativen zu Schnapper finden Sie auf S. 16.*

VORBEREITUNG: 20 Min. zzgl. Einweichen und Marinieren

ZUBEREITUNG: 1 1/2 Std.

ERGIBT 4 Portionen

250 g schwarze Bohnen

1 kg Schnapper, geschuppt und ausgenommen

Saft von einer Limette

3 Knoblauchzehen, gehackt

3 Lorbeerblätter

2 Zwiebeln, in feinen Scheiben

4 EL Olivenöl

mehrere Petersilienzweige

25 g frischer Koriander

200 g Tomaten, in Scheiben

1 milde rote Chili, entkernt und in feinen Scheiben

Salz und Pfeffer

1 Bohnen über Nacht in kaltem Wasser einweichen. Fisch würzen und innen und außen mit Limettensaft beträufeln. 1 Std. durchziehen lassen.

2 Bohnen abtropfen lassen und in reichlich Wasser in einem Topf aufkochen. 10 Min. wallend kochen. Abtropfen lassen und mit Knoblauch, Lorbeerblättern, 3/4 der Zwiebeln und 600 ml Wasser in den Topf zurückgeben. Aufkochen, Hitze reduzieren und ohne Deckel ca. 1 1/2 Std. köcheln lassen, bis sie weich sind.

3 Inzwischen den Fisch in eine flache, mit Öl ausgepinselte ofenfeste Form legen. Mit Petersilien- und einigen Korianderzweigen, Tomaten, Chili und restlichen Zwiebeln bedecken. Mit dem restlichen Öl beträufeln und im vorgeheizten Ofen bei 200 °C (Gas Stufe 6) ca. 35 Min. garen.

4 Fisch auf eine warme Platte geben. Die übrigen Zutaten mit restlichem Koriander glatt pürieren. Erwärmen und abschmecken Zu Fisch und Bohnen servieren.

Schnapper brasilianischer Art

Cremige Fisch-Lasagne

Damit der Fisch nicht zwischen den Lasagneblättern und der Sauce verloren geht, sollten Sie ihn schon in ordentlich große, saftige Stücke schneiden. Statt frischen kann man auch getrocknete Lasagneblätter nehmen, diese aber dann vorher besser einige Minuten vorkochen.

VORBEREITUNG: 25 Min., zzgl. Zeit zum Ruhen

ZUBEREITUNG: 1 Std.

ERGIBT 4–5 Portionen

800 g gehackte Tomaten aus der Dose

1 große Zwiebel, fein gehackt

2 Knoblauchzehen, gepresst

3 EL Paste aus sonnengetrockneten Tomaten (ersatzweise Tomatenmark)

50 g Anchovisfilets in Olivenöl aus der Dose, abgetropft und gehackt

700 g gehäutetes Schellfischfilet, in Stücke geschnitten

125 g frische Lasagneblätter

Käsesauce (siehe S. 18)

40 g Brot

2 EL Olivenöl

Salz und Pfeffer

1 Tomaten, Zwiebeln, Knoblauch, Tomatenpaste und etwas Salz und Pfeffer in einen großen Topf geben und aufkochen. Ca.10 Min. kochen lassen, bis die Mischung eingedickt und breiig ist. Die Hälfte der Anchovis unterrühren und den Schellfisch obenauf legen. 5 Min. köcheln lassen, bis der Fisch weiß geworden ist.

2 Ein Drittel der Mischung in eine flache, 1,2 l fassende ofenfeste Form geben. Fischstücke dabei gleichmäßig verteilen. Eine Schicht Lasagneblätter darauf legen. Die Hälfte der verbleibenden Tomaten-Fisch-Mischung darüber geben und mit einem Drittel der Käsesauce bedecken. Eine weitere Schicht Lasagneblätter darauf legen und die restliche Tomaten-Fisch-Sauce darüber geben. Die letzten Lasagneblätter obenauf legen und mit der restlichen Käsesauce bedecken.

3 Brot in Stücke brechen und mit der Küchenmaschine zu groben Brotkrumen verarbeiten. Die übrigen Anchovis dazugeben und vermischen.

4 Über die Lasagne streuen und mit Öl beträufeln. Im vorgeheizten Ofen bei 180 °C (Gas Stufe 4) ca. 45 Min. backen, bis sie goldbraun ist. Vor dem Servieren 10 Min. ruhen lassen.

Gedämpfte Brasse mit Zitronengras und Ingwer

Ein sehr gesundes, vollwertiges Gericht, das aber gleichzeitig richtig lecker und frisch schmeckt. Kann im Voraus zubereitet werden und braucht dann nur noch in den Ofen gestellt zu werden.

VORBEREITUNG: 20 Min., zzgl. Marinierzeit
ZUBEREITUNG: 30 Min.
ERGIBT 2 Portionen

1 ganze Brasse von 625–750 g, geschuppt und ausgenommen

1 Zitronengrasstängel, geputzt

25 g frischer Ingwer, gerieben

mehrere Kaffirlimetten- oder Thaibasilikumblätter, klein gezupft

1/2 Bund Frühlingszwiebeln, gehackt

2 Knoblauchzehen, gepresst

2 EL helle Sojasauce

2 EL Öl aus gerösteten Sesamsamen

1 EL klarer Honig

1 EL Austernsauce

2 EL chinesischer Kochwein

4 EL gehackter frischer Koriander zum Servieren

1 Fisch auf beiden Seiten kreuzförmig einkerben. Auf eine ofenfeste Platte oder in eine flache Auflaufform legen, in die der Fisch gut hineinpasst.

2 Zitronengras in feine Scheiben schneiden und mit Ingwer, Limetten- oder Basilikumblättern, Frühlingszwiebeln, Knoblauch und Sojasauce mischen. Marinade über den Fisch gießen, auch innen etwas hineinfüllen und den Rest an den Rand gießen. Abgedeckt 1–2 Std. ziehen lassen.

3 Auf dem Boden eines tiefen Backblechs reichlich Alufolie zusammenknüllen und die Form mit dem Fisch stabil darauf stellen. Blech 2,5 cm hoch mit kochendem Wasser füllen. Das gesamte Blech mit einem Zelt aus Alufolie abdecken. Ca. 30 Min. im vorgeheizten Ofen bei 200 °C (Gas Stufe 6) garen.

4 In der Zwischenzeit Sesamöl, Honig, Austernsauce und Wein verquirlen. Platte oder Auflaufform vorsichtig vom Backblech heben. Mit Dressing beträufeln und mit gehacktem Koriander bestreut servieren.

Scholle mit Chorizo-Füllung

Die scharfe spanische Paprikawurst Chorizo schmeckt köstlich als Füllung von Weißfisch und verleiht ihm einen mediterranen Touch. Jeder andere Plattfisch eignet sich auch.

VORBEREITUNG: 20 Min.

ZUBEREITUNG: 25 Min.

ERGIBT 4 Portionen

100 g Chorizo

50 g Semmelbrösel

2 EL Paste aus sonnengetrockneten Tomaten (ersatzweise Tomatenmark)

5 EL Olivenöl

8 gehäutete Filets von 2 großen Schollen

8 kleine reife Tomaten oder 4 große, halbiert

mehrere Thymianzweige

1 Schuss Weißwein

Salz und Pfeffer

1 Chorizo klein schneiden und mit der Küchenmaschine fein zerhacken. Semmelbrösel, Tomatenpaste und 1 EL Öl dazugeben und mixen, bis alles gut vermischt ist.

2 Schollenfilets mit der Hautseite nach oben auf eine Arbeitsfläche legen. Jedes mit einer dünnen Schicht Chorizo-Mischung bestreichen und aufrollen, dabei mit dem dicken Ende beginnen.

3 Fisch in eine große, flache ofenfeste Form setzen und Tomaten und Thymian um ihn herum platzieren. Mit dem restlichen Öl und dem Wein beträufeln. Fisch leicht salzen und pfeffern.

4 Im vorgeheizten Ofen bei 200 °C (Gas Stufe 6) ca. 20–25 Min. backen, bis der Fisch durch ist.

Scholle mit Chorizo-Füllung

Steinbutt aus dem Ofen mit Safran-Pilz-Sauce

Größenmäßig kann Steinbutt ganz unterschiedlich ausfallen. Ein kleiner kann gegebenenfalls im Ganzen zubereitet werden (siehe unten stehender Tipp), größere werden als Steaks oder Filets angeboten, so sind sie leichter zu verarbeiten.

VORBEREITUNG: 25 Min.
ZUBEREITUNG: 25 Min.
ERGIBT 4 Portionen

450 ml Fischbrühe (siehe S. 17)
625 g Steinbuttfilets oder -steaks
5 g Estragonzweige
1/2 kleiner Lauch, in feinen Scheiben
50 g weiche Butter
200 g Champignons, in Scheiben
1/2 TL Safranfäden
1 Spritzer Zitronensaft
100 ml Crème double
Salz und Pfeffer

1 Brühe in einem Topf aufkochen und auf etwa zwei Drittel einkochen.

2 Filets in 4 gleich große Portionen schneiden, falls Sie Filets verwenden. Leicht salzen und pfeffern. Die Hälfte der Estragonzweige und den Lauch auf ein kleines Backblech streuen und den Steinbutt darauf legen (bei Filets mit der Hautseite nach oben). Mit der Hälfte der Butter bestreichen und im vorgeheizten Ofen bei 200 °C (Gas Stufe 6) ca. 20–25 Min. garen, bis der Fisch durch ist.

3 In der Zwischenzeit die übrige Butter in einer Pfanne zerlassen und die Pilze hellbraun anbraten. Safran hineinbröseln und die eingekochte Brühe, den Zitronensaft und die Crème double angießen. Estragonblättchen von den übrigen Zweigchen zupfen und in die Pfanne geben. Aufkochen und die Sauce leicht andicken lassen.

4 Steinbutt auf eine vorgewärmte Platte legen. Garflüssigkeit abseihen und in die Pilzsauce gießen. Sauce um den Fisch herum geben und servieren.

Tipp Manchmal sind kleiner Stein- oder Glattbutt im Ganzen im Supermarkt oder beim Fischhändler erhältlich. Diese können auf dieselbe Weise auf einem Estragon-Lauch-Bett gegart werden (in diesem Fall mit der dunkleren Hautseite nach oben legen). Um zu prüfen, ob der Fisch gar ist, mit einem Spieß in die dickste Stelle stechen.

Seezunge mit Wermut-Butter *Im Ganzen gegrillte Rot- oder Seezunge ist so lecker und einfach zuzubereiten, dass man am besten ebenso schlichte Beilagen wählt. Der Geschmack dieser köstlichen Butter entfaltet sich, während sie auf dem frisch gegarten Fisch schmilzt.*

VORBEREITUNG: 10 Min.
ZUBEREITUNG: 12 Min.
ERGIBT 2 Portionen

125 ml trockener Wermut
1 TL Fenchelsamen, zerdrückt
75 g weiche Butter
1 kleine Knoblauchzehe, gepresst
2 EL fein gehackte Petersilie oder Schnittlauch
2 Rot- oder Seezungen im Ganzen
Salz und Pfeffer

1 Wermut in einem kleinen Topf aufkochen und auf knapp 1 EL einkochen. Mit den Fenchelsamen in eine Schüssel geben und abkühlen lassen.

2 Butter, Knoblauch, Petersilie oder Schnittlauch und etwas Salz und Pfeffer in die Schüssel geben und verquirlen, bis alles gleichmäßig vermischt ist. Es sollte gerade genug Butter sein, um den eingekochten Wermut aufzunehmen.

3 Den Fisch mit der dunklen Hautseite nach oben auf ein leicht geöltes, mit Alufolie belegtes Grillgitter geben und leicht würzen. Unter dem vorgeheizten Grill ca. 6–8 Min. grillen, bis der Fisch durch ist. Dabei einmal wenden. Auf vorgewärmten Tellern anrichten und einige Löffel Wermut-Butter darauf geben.

Heilbutt mit Sauerampfer und Pancetta *Dieses Gericht kann man nicht im Voraus zubereiten. Kurz vor dem Servieren müssen noch ein paar Handgriffe gemacht werden, was aber schnell geht, wenn Sie schon alles bereitstehen haben. Sauerampfer ist im Handel nicht immer einfach zu finden, Sie können stattdessen auch Spinat nehmen.*

VORBEREITUNG: 15 Min.
ZUBEREITUNG: 20 Min.
ERGIBT 4 Portionen

50 g Walnüsse, grob gehackt
4 Heilbuttfilets, je ca. 175 g, gehäutet
25 g Butter
2 EL Walnussöl
1 Schalotte, fein gehackt
50 g Pancetta, gehackt
200 g Sauerampfer, harte Stängel entfernt
100 g Crème fraîche
Salz und Pfeffer

1 Walnüsse in einer großen Pfanne etwas anrösten und auf einen Teller geben. Den Heilbutt leicht salzen und pfeffern.

2 Butter mit dem Öl in einer Pfanne zerlassen und Schalotte und Pancetta ca. 5 Min. sanft anbraten, bis sie goldbraun sind. Mit einem Schaumlöffel herausheben.

3 Heilbuttfilets in die Pfanne geben und 2–3 Min. auf jeder Seite anbraten, bis sie durch sind. Abtropfen lassen und warm stellen. Sauerampfer in die Pfanne geben und ganz kurz dünsten, bis er zusammenfällt. Auf vorgewärmte Teller geben und den Fisch darauf legen.

4 Schalotte und Pancetta wieder in die Pfanne geben und die Crème fraîche hinzufügen. Erwärmen, abschmecken und über den Fisch geben.

Krabbenburger *Das Rezept ergibt 8 große oder 4 kleine Burger. Kartoffel-Wedges passen wunderbar dazu, ebenso wie Mayonnaise mit Crème fraîche und Kräutern oder Schmortomaten-Sauce (siehe S. 20–21).*

VORBEREITUNG: 15 Min.
ZUBEREITUNG: 20–30 Min.
ERGIBT 4 Portionen

2 EL Olivenöl
1 Zwiebel, gehackt
2 grüne Paprika, entkernt und fein gehackt
2 Knoblauchzehen, zerdrückt
1/2 Bund Frühlingszwiebeln, fein gehackt
125 g Semmelbrösel
250 weißes und braunes Krabbenfleisch
1 EL Worcestersauce
1/2 TL Cayenne-Pfeffer
3 EL gehackte Petersilie
1 Ei, verquirlt
Sonnenblumenöl zum Ausbacken
Salz
Eisbergsalat zum Servieren

1 Olivenöl in einer Pfanne erhitzen und Zwiebel und Paprika ca. 5 Min. sanft andünsten, bis sie weich sind. Knoblauch und Frühlingszwiebeln dazugeben und weitere 5 Min. dünsten. In eine Schüssel geben.

2 Semmelbrösel, Krabbenfleisch, Worcestersauce, Cayennepfeffer, Petersilie und Ei dazugeben und leicht salzen. Mit einem Holzlöffel oder den Händen gut vermischen.

3 Mischung teilen und zu 4 oder 8 gleichgroßen Bällchen rollen. Zu Burgern flach drücken.

4 Eine sehr dünne Schicht Öl in einer großen Pfanne erhitzen. Burger auf jeder Seite 4–5 Min. braten, bis sie goldbraun sind (wenn nötig in zwei Durchgängen). Auf einem Bett aus Eisbergsalat servieren.

Makrelen mit Süßkartoffeln aus dem Ofen

Das scharfe Chili-Olivenöl harmoniert wunderbar mit der frischen Minze-Raita und den süßlich karamellisierten Kartoffeln und Zwiebeln.

VORBEREITUNG: 15 Min.

ZUBEREITUNG: 1 Std.

ERGIBT 2 Portionen

375 g Süßkartoffeln

1 rote Zwiebel, in dünnen Scheiben

4 EL mit Chili aromatisiertes Olivenöl

mehrere Thymianzweige

40 g sonnengetrocknete Tomaten, in dünnen Scheiben

4 große Makrelenfilets

100 ml Naturjoghurt

je 1 EL gehackter frischer Koriander und Minze

Salz und Pfeffer

Zitronenspalten zum Servieren

1 Süßkartoffeln schrubben und in 1,5 cm große Stücke schneiden. Zusammen mit der Zwiebel in einer flachen ofenfesten Form verteilen. Öl, Thymian und etwas Salz dazugeben und vermischen.

2 Im vorgeheizten Ofen bei 200 °C (Gas Stufe 6) 40–45 Min. garen, bis die Kartoffeln gerade weich sind und zu bräunen beginnen. Dabei 1–2 Mal wenden.

3 Tomaten unterrühren. Makrelenfilets mit der Hautseite nach außen in der Mitte zusammenklappen und auf die Kartoffeln legen. Für weitere ca. 12–15 Min. in den Ofen geben, bis der Fisch gar ist.

4 In der Zwischenzeit Joghurt, Kräuter und etwas Salz und Pfeffer verrühren. Fisch und Kartoffeln auf vorgewärmten Tellern anrichten und Raita darüber geben. Mit Zitronenspalten servieren.

Tipp Fertiges Chili-Öl verwenden oder ein mildes Olivenöl nehmen und eine in feine Scheiben geschnittene Chili zu den Kartoffeln in den Ofen geben.

Makrelen mit Süßkartoffeln aus dem Ofen

Heringe mit Spinat-Mandel-Füllung

Heringe bieten sich an, wenn Sie mit wenig oder ganz ohne Fett kochen wollen, denn sie sind von Natur aus recht ölhaltig. Wenn Sie Gräten lästig finden, am besten Heringfilets kaufen und die Füllung wie bei einem Sandwich dazwischenlegen.

VORBEREITUNG: 25 Min.
ZUBEREITUNG: 35 Min.
ERGIBT 4 Portionen

4 entgrätete Heringe ohne Köpfe oder 8 Filets
25 g Butter, zusätzlich etwas zum Einfetten
4 EL Mandelblättchen
1 Zwiebel, gehackt
25 g Semmelbrösel
100 g frischer Spinat
frisch geriebene Muskatnuss
25 g geriebener Parmesan
Salz und Pfeffer

1 Heringe auf beiden Seiten mehrmals einkerben. Butter in einer Pfanne zerlassen und die Mandeln anbraten, bis sie Farbe bekommen. Zwiebeln dazugeben und 3 Min. sanft andünsten.

2 Semmelbrösel unterrühren und 1 Min. anbraten, bis sie anfangen, braun zu werden. Spinat darüber streuen, Herd ausschalten und einige Minuten stehen lassen, bis der Spinat zusammengefallen ist. Mit Muskatnuss, Salz und Pfeffer würzen. Mit dem Parmesan bestreuen und verrühren, bis alles gleichmäßig vermischt ist.

3 Eine flache, ofenfeste Form leicht einfetten. Heringe mit der Mischung füllen und in die Form setzen. Wenn Sie Filets verwenden, 4 Stück mit der Hautseite nach unten in die Form legen und mit der Füllung bestreichen. Die übrigen Filets mit der Hautseite nach oben darauf legen und leicht andrücken.

4 Im vorgeheizten Ofen bei 190 °C (Gas Stufe 5) ca. 25 Min. backen, bis der Fisch gar ist.

Venusmuscheln mit Linguine und Tomatenpesto

Ein einfach zuzubereitendes Abendessen. Wenn Sie nur für Zwei kochen, einfach die Menge an Muscheln und Nudeln halbieren.

VORBEREITUNG: 20 Min.
ZUBEREITUNG: 10–20 Min.
ERGIBT 4 Portionen

4 EL trockener Weißwein

1 kg kleine Venusmuscheln, gesäubert (siehe S. 13)

300 g frische Linguine oder 250 g getrocknete

Salz und Pfeffer

Tomatenpesto:

150 g sonnengetrocknete Tomaten in Öl, abgetropft

5 EL Pinienkerne

8 entsteinte schwarze Oliven

2 Knoblauchzehen, in grobe Scheiben geschnitten

6 EL extra natives Olivenöl

40 g geriebener Parmesankäse, zusätzl. etwas zum Servieren

2 Tomaten, grob gehackt

1 Für das Pesto getrocknete Tomaten, Pinienkerne, Oliven und Knoblauch in der Küchenmaschine zu einer dicken Paste mixen. Mischung von den Rändern der Schüssel kratzen.

2 Während die Maschine läuft, das Öl gleichmäßig hineingießen, bis es sich gut mit der Mischung verbunden hat. Parmesan, Tomaten und etwas Pfeffer dazugeben und mixen, bis die Tomaten fein gehackt sind.

3 Wein in einem großen Topf aufkochen. Muscheln hineingeben und mit einem gut schließenden Deckel abdecken. Ca. 4–5 Min. kochen, bis die Schalen sich geöffnet haben. Abtropfen lassen, Kochsud aufbewahren und alle Muscheln wegwerfen, die sich nicht geöffnet haben. Etwa 2/3 der Muscheln aus ihren Schalen lösen.

4 Pasta in reichlich leicht gesalzenem Wasser weich kochen (ca. 2 Min. für frische und 8–10 Min. für getrocknete Nudeln). Leicht abtropfen lassen (sodass immer noch genug Wasser zwischen den Nudeln hängt) und wieder in den Topf geben.

5 Pesto mit den Muscheln und 4 EL Kochsud in den Topf geben und 2 Min. gut erwärmen. Die Zutaten gut vermengen. Nach Belieben mit zusätzlichem Parmesan bestreuen.

Meeresfrüchte-Paella *Das Geheimnis einer guten Paella ist, die Zutaten gut in Öl zu sautieren, bevor man den Reis kocht, damit das Öl reichlich Aroma aufnimmt. Nach Belieben anderen Fisch verwenden.*

VORBEREITUNG: 30 Min.
ZUBEREITUNG: 40 Min.
ERGIBT 4 Portionen

150 ml Olivenöl

350 g gesäuberter Kalmar, in Ringe geschnitten (siehe S. 13)

8 große Garnelen, geschält und entdarmt

2 rote oder grüne Paprika, entkernt und in Ringen

125 g Chorizo, gewürfelt

4 Knoblauchzehen, gepresst

1 Zwiebel, gehackt

250 g Paella-Reis

450 ml Fischbrühe (siehe S. 17)

1 TL Safranfäden

100 g Erbsen

300–400 g Miesmuscheln, gesäubert (siehe S. 13)

Salz und Pfeffer

Zitronenspalten zum Servieren

1 Die Hälfte des Öls in einer großen (Paella)-Pfanne erhitzen. Kalmar und Garnelen unter Rühren 5 Min. anbraten. Mit einem Schaumlöffel aus der Pfanne nehmen. Nun die Paprika in die Pfanne geben, 5 Min. dünsten. Aus der Pfanne nehmen.

2 Restliches Öl in die Pfanne geben, Chorizo, Knoblauch und Zwiebeln 5 Min. anbraten. Reis dazugeben, 1 Min. kochen, dabei gut mit dem Öl verrühren.

3 Brühe und Safran unterrühren und aufkochen. Hitze reduzieren, mit einem Deckel oder Folie abdecken und ca. 20 Min. köcheln, bis der Reis durch ist. Erbsen, Kalmar, Garnelen und Paprika unterrühren.

4 Muscheln in den Reis hineindrücken, sodass sie halb versunken sind. Abgedeckt ca. 3–4 Min. kochen, bis die Muscheln sich halb geöffnet haben. Ungeöffnete wegwerfen. Abschmecken und mit Zitronenspalten servieren.

Meeresfrüchte-Paella

Hai mit Chermoula-Kruste *Chermoula ist eine scharfe, würzige Paste aus Nordafrika, die mit Knoblauch, Kreuzkümmel, Koriander und Chili zubereitet wird. Wir verwenden für unsere Variante auch Erdnüsse und Rosinen, die die würzigen Aromen durch ihren süßen und salzigen Geschmack wunderbar ergänzen.*

VORBEREITUNG: 15 Min. zzgl. Marinierzeit
ZUBEREITUNG: 20 Min.
ERGIBT 4 Portionen

4 EL Olivenöl
fein geriebene Schale und Saft von einer Zitrone
2 Knoblauchzehen, gepresst
1/2 TL getrocknete Chiliflocken
4 Haisteaks, je ca. 200 g
65 g gesalzene Erdnüsse
15 g frischer Koriander
2 EL Rosinen
1 TL Kreuzkümmelsamen, zerdrückt

1 2 EL Öl mit Zitronenschale und -saft, Knoblauch und Chiliflocken vermischen. Haisteaks in eine flache Auflaufform legen und die Ölmischung darüber geben. Abdecken und 30 Min. marinieren.

2 Erdnüsse und Koriander mit der Küchenmaschine grob zerkleinern. Rosinen dazugeben und einige weitere Sekunden mixen.

3 Mischung in eine Schüssel geben und restliches Öl und Kreuzkümmelsamen unterrühren.

4 Haisteaks aufdecken und im vorgeheizten Ofen bei 190 °C (Gas Stufe 5) ca. 10 Min. backen. Mit der Chermoula-Mischung bestreichen und wieder in den Ofen geben. Weitere ca. 10 Min. backen, bis die Steaks durch sind.

Schwertfisch-Confit

Sobald der Fisch in Olivenöl eingelegt ist, kann er ruhig über Nacht im Kühlschrank stehen bleiben. Probieren Sie das Rezept auch mit anderem festen, fleischigen Fisch wie Hai oder Thunfisch aus. Das übrig gebliebene Öl hält sich abgeseiht und abgekühlt bis zu 3 Tage und kann für ein anderes Gericht verwendet werden.

VORBEREITUNG: 10 Min. zzgl. Marinierzeit
ZUBEREITUNG: 35 Min.
ERGIBT 4 Portionen

2 TL gehackter Thymian
3 Knoblauchzehen, gepresst
1/2 TL Meersalz
1/4 TL zerdrückte getrocknete Chiliflocken
4 Schwertfisch-Steaks, gehäutet
150–200 ml Olivenöl
2 EL Zitronensaft
4 EL fein gehackte Petersilie
1 EL heller Rohrzucker
1 EL Wodka

1 Thymian, Knoblauch, Salz und Chiliflocken vermischen und den Fisch damit einreiben.

2 Fisch in einer Schicht in eine flache, ofenfeste, ausreichend große Form legen. Reichlich Öl über die Steaks gießen, sodass sie gerade bedeckt sind. (Wenn die Form zu groß ist, mit Folie auslegen, die Steaks darauf legen und Folie um den Fisch herum hochklappen, sodass nicht zu viel Öl gebraucht wird.) Abdecken und bis zu 24 Std. ziehen lassen.

3 Im vorgeheizten Ofen bei 180 °C (Gas Stufe 4) ca. 30 Min. backen, bis der Fisch durch ist.

4 Mit einem Schaumlöffel den Fisch auf Teller heben. Zitronensaft, Petersilie, Zucker und Wodka mit 4 EL Kochsud in einem kleinen Topf mischen. Gut verquirlen, sanft erhitzen und zum Servieren über den Fisch geben.

Thunfisch à la Wellington *Am besten ein Stück Thunfisch von 20 x 8,5 cm nehmen. Bei Filet, das an einem Ende sehr dick ist, den überschüssigen Teil abschneiden und für Salat grillen oder anbraten.*

VORBEREITUNG: 30 Min. zzgl Kühlzeit
ZUBEREITUNG: 40 Min.
ERGIBT 6 Portionen

1 kg frischer Thunfisch am Stück
50 g Butter
1 Schalotte, fein gehackt
350 g Pilze, grob gehackt
2 EL scharfe Meerrettich-Paste
3 EL gehackter Estragon
400 g Blätterteig (ggf. aufgetaut)
verquirltes Ei zum Glasieren
Salz und Pfeffer

1 Fisch auf Küchenpapier trocken tupfen und rundum mit Salz und Pfeffer einreiben. Etwas Butter in einer Pfanne zerlassen und Fisch von allen Seiten scharf anbraten, bis er braun ist. Abtropfen und abkühlen lassen.

2 Die Hälfte der übrigen Butter in die Pfanne geben und Schalotte und Pilze sanft andünsten, bis die Flüssigkeit ganz verdunstet ist. Meerrettich-Paste und Estragon unterrühren und abkühlen lassen. Thunfisch mit der restlichen Butter bestreichen.

3 Blätterteig auf einer leicht bemehlten Arbeitsfläche zu einem großen Rechteck ausrollen. Die Hälfte der Pilzmischung mit den Händen auf die Oberseite des Thunfischs drücken. Wenden, auf den Teig setzen und mit der restlichen Mischung bestreichen.

4 Teig mit Ei bestreichen und über dem Fisch zusammenklappen, sodass er vollständig umschlossen ist. Zu wulstige Teigstellen abschneiden. „Päckchen" mit der Faltseite nach unten auf ein leicht gefettetes Backblech setzen. Nochmals mit Ei bestreichen. Im vorgeheizten Ofen bei 200 °C (Gas Stufe 6) ca. 30 Min. backen, bis der Teig tief goldbraun ist.

Thunfisch à la Wellington

Thunfisch-Pilz-Spieße mit Knoblauch *Sie brauchen hierfür sehr stabile Rosmarinstängel. Wenn Sie keine im Garten haben und auch keine kaufen können, stattdessen Holz- oder Metallspieße nehmen und einen Teelöffel gehackten Rosmarin an das Knoblauch-Dressing geben.*

VORBEREITUNG: 30 Min.
ZUBEREITUNG: 10 Min.
ERGIBT 4 Portionen

500 g Thunfisch am Stück

150 g Baguette

200 g große Steinpilze

4 Rosmarinstängel, je 30 cm lang

2 Knoblauchzehen, gepresst

1 TL körniger Senf

8 EL Olivenöl

Salz und Pfeffer

Schmortomaten-Sauce (siehe S. 21) zum Servieren

1 Thunfisch in ca. 3,5 cm dicke Scheiben schneiden. Jede Scheibe in Quadrate von 3,5 cm schneiden. Das Baguette in Stücke derselben Größe brechen. Die Pilze in kochendem Wasser 1 Min. blanchieren. Abtropfen lassen.

2 Den Großteil der kleinen Zweigchen und die Nadeln vom Rosmarin abschneiden und das Stängelende spitz zuschneiden, damit das „Auffädeln" leichter geht. Thunfisch, Brot und Pilze vorsichtig auf die Rosmarinstängel stecken. Auf ein mit Alufolie ausgelegtes Grillgitter geben.

3 Knoblauch mit Senf, Öl und etwas Salz und Pfeffer mischen. Die Spieße damit bepinseln.

4 Unter dem auf mittlere Temperatur vorgeheizten Grill 8–10 Min. grillen. Dabei die Spieße häufig wenden und mit weiterem Knoblauch-Dressing bestreichen. Mit der Schmortomaten-Sauce servieren.

Malaysisches Fisch-Curry

Asiatische Currys sind schnell gemacht und haben ein wunderbar volles, frisches Aroma. Schwertfisch eignet sich gut, weil er während des Kochens nicht auseinander fällt. Bei weicheren, faserigen Fischen die Kochzeit reduzieren und in sehr große Stücke schneiden.

VORBEREITUNG: 20 Min.
ZUBEREITUNG: 20 Min.
ERGIBT 4 Portionen

750 g Schwertfisch-Steaks
3 Schalotten
2 Knoblauchzehen, in dünnen Scheiben
15 g frischer Ingwer, gehackt
1/4 TL gemahlene Kurkuma
1 rote Chili, entkernt und gehackt
400 ml Kokosmilch aus der Dose
6 Curryblätter
2 TL Palm- oder normaler Zucker
3 EL Pflanzenöl
1 EL Koriandersamen, zerdrückt
2 TL Kreuzkümmelsamen, zerdrückt
2 TL Fenchelsamen, zerdrückt
15 g frischer Koriander, gehackt
Salz und Pfeffer

1 Schwertfisch häuten, in große Stücke schneiden und Gräten entfernen. Salzen und pfeffern.

2 2 Schalotten grob hacken und mit 1 Knoblauchzehe, Ingwer, Kurkuma, Chili und 2 EL Kokosmilch in die Küchenmaschine geben. Zu einer glatten Paste mixen. Mischung, die am Rand der Schüssel hängen bleibt, abkratzen.

3 Paste in einen großen Topf geben und restliche Kokosmilch, Curryblätter und Zucker dazugeben. Aufkochen, Hitze reduzieren und 5 Min. sanft köcheln lassen. Fisch in den Topf gleiten lassen und weitere 10 Min. kochen.

4 Die dritte Schalotte in feine Ringe schneiden. Öl in einer kleinen Pfanne erhitzen. Schalotte, übrigen Knoblauch, Kümmel- und Fenchelsamen hineingeben und 3 Min. sanft andünsten. Koriander unterrühren, über das Curry geben und servieren.

Im Ofen gedämpfter Lachs mit Asia-Gemüse

Fisch im Ofen zu dämpfen geht ganz einfach – Sie brauchen nur ein Gitter, das mindestens 1 cm über dem Boden des Backblechs sitzt.

VORBEREITUNG: 15 Min.
ZUBEREITUNG: 25 Min.
ERGIBT 4 Portionen

4 dicke Lachssteaks, je ca. 200 g
1 EL Tamarindenpaste
2–3 EL Sojasauce
15 g frischer Ingwer, gerieben
2 TL Zucker
2 Knoblauchzehen, gepresst
1 milde grüne Chili, in feinen Scheiben
1 TL Speisestärke
250 g Pak Choi
8 Frühlingszwiebeln, längs halbiert
15 g frischer Koriander, gehackt

1 Lachs auf ein mit Öl bestrichenes Grillgitter geben. Backblech mit 450 ml Wasser füllen und Gitter hineinstellen. Mit Alufolie locker abdecken und Lachs im vorgeheizten Ofen bei 180 °C (Gas Stufe 4) ca. 15 Min. garen, bis der Fisch fast durch ist.

2 In der Zwischenzeit Tamarindenpaste mit 175 ml Wasser in einem kleinen Topf mischen. Sojasauce, Ingwer, Zucker, Knoblauch und Chili unterrühren und 5 Min. sanft erhitzen. Speisestärke mit 1 EL Wasser mischen und in den Topf geben. Unter Rühren ca. 1–2 Min. erhitzen, bis die Mischung eingedickt ist.

3 Pak Choi längs vierteln und mit den Frühlingszwiebeln um den Lachs herum auf das Gitter legen. Wieder abdecken und für weitere 8–10 Min. in den Ofen geben, bis das Gemüse zusammenfällt.

4 Koriander in die Sauce rühren. Fisch und Gemüse auf vorgewärmte Teller geben, Sauce darüber gießen und servieren.

Im Ofen gedämpfter Lachs mit Asia-Gemüse

Süß-würziger Lachs *Heizen Sie den Ofen gut vor, bevor Sie mit der Zubereitung dieses spritzigen Gerichts anfangen. Es hat mehr als genug Aroma, um es allein zu servieren, aber wenn Sie gern eine kontrastierende Sauce dazu reichen wollen, schmeckt die Mayonnaise mit Crème fraîche und Kräutern von Seite 20 toll dazu.*

VORBEREITUNG: 5 Min.
ZUBEREITUNG: 10 Min.
ERGIBT 4 Portionen

4 Lachsfilets, je ca. 200 g

3 EL heller Rohrzucker

2 Knoblauchzehen, gepresst

1 TL Kreuzkümmelsamen, zerdrückt

1 TL geräuchertes oder normales Paprikapulver

1 EL Weißweinessig

2 EL Erdnussöl

Salz

Zitronen- oder Limettenspalten zum Servieren

1 Lachsfilets auf ein mit etwas Öl bepinseltes Backblech legen. Zucker, Knoblauch, Kreuzkümmelsamen, Paprikapulver, Essig und etwas Salz vermischen.

2 Mit einem Teelöffel den Lachs mit der Mischung rundherum dünn bestreichen. Mit Öl beträufeln.

3 Im vorgeheizten Ofen bei 220 °C (Gas Stufe 7) ca. 10 Min. backen, bis der Fisch durch ist. Auf vorgewärmte Teller geben und mit Zitronen- oder Limettenspalten garniert servieren.

Lachs-Krabben-Küchlein

Bei manchen Rezepten lässt man am besten einfach einige hochwertige Zutaten wirken. Mit einer Kartoffel mehr statt des Krabbenfleischs werden die Küchlein ein Genuss für jeden Tag.

VORBEREITUNG: 25 Min.
ZUBEREITUNG: 30 Min.
ERGIBT 4 Portionen

700 g Kartoffeln
350 g gehäutetes Lachsfilet
4 EL Milch
25 g Butter
150 g vorbereitetes Krabbenfleisch
2 EL gehackter Estragon
2 EL gehackte Petersilie
2 EL Kapern, abgespült und abgetropft
1 Ei, verquirlt
Mehl zum Bestäuben
mildes Olivenöl zum Ausbacken
Salz und Pfeffer
Mayonnaise mit Crème fraîche und Kräutern (siehe S. 20) zum Servieren

1 Kartoffeln in reichlich leicht gesalzenem Wasser in ca. 15 Min. weich kochen. In der Zwischenzeit Lachs in eine Pfanne geben, Milch darüber gießen, abdecken und ca. 8–10 Min. sanft köcheln lassen, bis er gar ist.

2 Kartoffeln abgießen und wieder in die Pfanne geben. Mit einer Kartoffelpresse zerdrücken, die Stücke sollten aber noch recht groß sein. Butter unterrühren.

3 Wenn der Lachs ausreichend abgekühlt ist, in große Stücke zerteilen und von Gräten befreien. Kochsud aufbewahren. Fisch und Kochsud mit Krabbenfleisch, Kräutern, Kapern, Ei und etwas Salz und Pfeffer zu den Kartoffeln geben. Sehr gut vermischen.

4 Hände gut mit Mehl bestäuben. Aus der Mischung erst 8 feste Bällchen formen und diese dann zu Küchlein flach drücken. In einer Pfanne mit schwerem Boden eine dünne Schicht Öl erhitzen und die Küchlein in zwei Durchgängen auf jeder Seite 3 Min. anbraten, bis sie goldbraun sind. Heiß mit der Mayonnaise servieren.

Barsch-Beignets mit Limetten-Salbei-Butter

Barsch zählt zu den Flussfischen mit dem besten Eigengeschmack, aber er muss wirklich ganz frisch geschuppt, ausgenommen und gegessen werden. Wie die meisten Flussfische ist Barsch nur saisonal erhältlich, aber Lachs oder Forelle sind ein guter Ersatz.

VORBEREITUNG: 30 Min.
ZUBEREITUNG: 10 Min.
ERGIBT 4 Portionen

1 Limette

50 g Butter

2 EL Olivenöl

12 Salbeiblätter, klein gezupft

1 rote Schalotte oder kleine rote Zwiebel, fein gehackt

8 Barschfilets

Mehl zum Bestäuben

1 Ei, leicht verquirlt

100 g Semmelbrösel

Pflanzenöl zum Ausbacken

Salz und Pfeffer

1 Limette längs halbieren und in feine Scheiben schneiden. 15 g Butter mit dem Olivenöl in einem kleinen Topf zerlassen, bis sie blubbert. Salbeiblätter dazugeben und 15 Sek. andünsten. Mit einem Schaumlöffel herausheben, Schalotte oder Zwiebel in die Pfanne geben und 2 Min. sanft andünsten. Vom Herd nehmen und die restliche Butter, die Salbeiblätter, die Limettenscheiben, etwas Salz und reichlich Pfeffer dazugeben. Ziehen lassen, während Sie den Fisch zubereiten.

2 Den Barsch in Stücke schneiden. Mehl auf einem Teller würzen und den Fisch damit bestäuben. Fisch durch das verquirlte Ei ziehen und dann in den Semmelbröseln wenden.

3 Eine große Pfanne 1,5 cm hoch mit Pflanzenöl füllen und erhitzen. Um zu testen, ob das Öl heiß genug ist, einige Semmelbrösel hineingeben. Das Öl sollte aufzischen und die Semmelbrösel innerhalb von 30 Sek. braun werden. Die Hälfte der Fischstücke in die Pfanne gleiten lassen und goldbraun ausbacken. Dabei einmal wenden. Auf Küchenpapier abtropfen lassen, während Sie die übrigen zubereiten.

4 Limetten-Salbei-Butter wieder erwärmen und zum Servieren über die Beignets geben.

Gefüllte Forelle aus dem Ofen

Aufgrund des geringen Eigengeschmacks muss Forelle frisch und mit aufregenden Aromen zubereitet werden. Auch andere Flussfische können so zubereitet werden, ein praktisches Rezept also, wenn Ihnen die Angelerfolge des Tages präsentiert werden. Mit Kartoffel-Wedges oder cremigem Püree servieren.

VORBEREITUNG: 15 Min.
ZUBEREITUNG: 35 Min.
ERGIBT 2 Portionen

2 kleine Forellen, gesäubert
25 g Butter, zusätzl. etwas zum Einfetten
1 Zwiebel, gehackt
1 EL gehackter Zitronenthymian
2 TL scharfe Meerrettich-Paste
1 Knoblauchzehe, gepresst
50 g Semmelbrösel
1 Glas Weißwein
Salz und Pfeffer

1 Forellen auf jeder Seite mehrmals einkerben. Nebeneinander in eine kleine, flache, gebutterte und ofenfeste Form legen.

2 Butter in einer Pfanne zerlassen und Zwiebel 5 Min. sanft andünsten. Thymian, Meerrettich, Knoblauch und Semmelbrösel hinzufügen und unter Rühren 2 Min. sanft anbraten.

3 Füllung würzen und den Fisch damit füllen. Den Wein darüber gießen und Form mit gebuttertem Backpapier abdecken.

4 Im vorgeheizten Ofen bei 180 °C (Gas Stufe 4) ca. 25–30 Min. backen, bis der Fisch durch ist.

Geräucherter und eingelegter Fisch

Bevor es Gefrieren als Konservierungsmethode gab, wurde Fisch geräuchert, eingelegt oder gepökelt, sodass er das ganze Jahr über zur Verfügung stand. Dieses Kapitel enthält daher vor allem traditionelle und immer noch beliebte Gerichte, die zum Beispiel eingelegten Hering oder geräucherte Forelle verwenden. Ebenso finden Sie traditionelle Speisen aus anderen Ländern wie Kedgeree oder Brandade. Aus geräuchertem Fisch lassen sich auch leckere Pâtés machen und er schmeckt als äußerst aromatische Zutat in frischen Sommersalaten.

Kabeljau in Escabèche *Es gibt viele Varianten, wie leicht gegarter Fisch in gewürzten, süßlichen Essig eingelegt werden kann. Diese köstliche Version wird mit saftigen Kabeljaustücken gemacht.*

VORBEREITUNG: 15 Min. zzgl. Kühlzeit

ZUBEREITUNG: 10 Min.

ERGIBT 4 Portionen

500 g Kabeljaufilet, gehäutet

4 EL Olivenöl

1 rote Spitzpaprika, entkernt und in dünnen Ringen

1 rote Zwiebel, in dünnen Scheiben

2 Streifen Orangenschale und 2 EL Saft

1/2 TL Kreuzkümmelsamen, zerdrückt

1 große Prise Kurkuma

125 ml Sherry-Essig

5 EL heller Rohrzucker

8 entsteinte grüne Oliven

Salz und Pfeffer

1 Kabeljau in große Stücke schneiden. Dabei Fleischgräten entfernen. Mit Salz und Pfeffer würzen.

2 Öl in einer Pfanne erhitzen und den Fisch auf beiden Seiten ca. 5 Min. anbraten, bis er gerade durch ist. In eine Schale geben (kein Metall), in die die Stücke gut hineinpassen. Die Paprika und die Zwiebel in der Pfanne weich dünsten und ebenfalls in die Schale geben.

3 Die Orangenschale zwischen die Fischstücke stecken. Orangensaft, Kreuzkümmelsamen, Kurkuma, Essig und Zucker vermischen, bis der Zucker sich aufgelöst hat, und über den Fisch gießen.

4 Zutaten vorsichtig vermengen. Abdecken und bis zu 3 Tage kühl stellen.

Kabeljau in Escabèche

Stockfisch-Beignets *Den Stockfisch gut 2–3 Tage einweichen, bevor Sie diese köstlichen Beignets zubereiten, damit er weich und weniger salziger wird. Die Beignets werden in der Regel als Tapas zu einem Glas Wein mit einer kleinen Schale Aïoli zum Dippen serviert.*

VORBEREITUNG: 20 Min. zzgl. Einweich- und Marinierzeit
ZUBEREITUNG: 30 Min.
ERGIBT 4–6 Portionen

350 g Stockfisch (aus Kabeljau) 48–72 Std. eingeweicht (siehe S. 11)

125 g Mehl

2 EL Olivenöl

1 Eiweiß

Pflanzenöl zum Ausbacken

Aïoli zum Servieren

1 Eingeweichten Stockfisch abtropfen und mit genug frischem Wasser in eine Pfanne geben, sodass er bedeckt ist. Aufkochen und ca. 20 Min. köcheln lassen, bis der Fisch weich ist. Abtropfen und, wenn er genügend abgekühlt ist, häuten und Gräten entfernen. Abkühlen lassen.

2 Für den Teig Mehl in eine Schüssel geben und eine Mulde in die Mitte drücken. Olivenöl und 150 ml Wasser in die Mulde gießen. Das Mehl nach und nach mit der Flüssigkeit vermischen, sodass ein glatter Teig entsteht. 30 Min. ruhen lassen.

3 In der Zwischenzeit den Fisch in 1–1,5 cm große Stücke schneiden. Er kann sowohl in lockere Stücke zerfallen als auch gleichmäßige Würfel bilden. Beides eignet sich gleich gut.

4 Eiweiß schlagen, bis es Fäden zieht und unter den Teig heben. Eine große Pfanne 5 cm hoch mit Öl füllen und erhitzen. Um zu prüfen, ob es heiß genug ist, einen Tropfen Teig in das Öl geben. Es sollte aufzischen und der Teig sich in ca. 30 Sek. goldbraun färben.

5 Ein Fischstück in den Teig tauchen und ins Öl gleiten lassen. Weitere Stücke in die Pfanne geben und ca. 2 Min. vorsichtig ausbacken, bis sie aufgegangen und goldbraun sind. Genügend Küchenpapier zusammenknüllen und die Beignets darauf abtropfen lassen. Warm halten, während Sie die übrigen zubereiten. Mit Aïoli servieren.

Brandade *ist ein beliebtes Gericht aus der Provence. Eine cremige Mischung aus Stockfisch, Olivenöl und Sahne wird zu einer Art lockerem Mousse aufgeschlagen. Als zarter, sommerlicher Snack oder als Vorspeise servieren oder auf kleinen Toasts zum Aperitif reichen.*

VORBEREITUNG: 10 Min. zzgl. Einweichzeit
ZUBEREITUNG: 20 Min.
ERGIBT 6–8 Portionen

700 g Stockfisch (aus Kabeljau), 48–72 Std. eingeweicht (siehe S. 11)

2 Lorbeerblätter

1 Zwiebel, geviertelt

300 ml Sahne

200 ml Olivenöl

2 Knoblauchzehen, gepresst

1 Spritzer Zitronensaft

Pfeffer

gehackte Petersilie zum Garnieren

getoastetes Baguette zum Servieren

1 Eingeweichten Stockfisch abtropfen und mit reichlich frischem Wasser in eine Pfanne geben, sodass er bedeckt ist. Lorbeerblätter und Zwiebel dazugeben und aufkochen. Ca. 20 Min. köcheln lassen, bis der Fisch sehr weich ist. Abtropfen und, wenn er genügend abgekühlt ist, häuten und Gräten entfernen.

2 Sahne und Öl in einem Topf sanft erhitzen, bis die Mischung heiß ist und blubbert. Gelegentlich umrühren.

3 Kabeljau und Knoblauch in der Küchenmaschine glatt mixen und nach und nach die Sahne-Öl-Mischung angießen, bis ein helles, glattes Püree entsteht. Zitronensaft und Pfeffer nach Geschmack untermischen.

4 Auf Tellern anrichten und mit Petersilie bestreuen. Mit gerösteten Baguettescheiben servieren, auf das die Brandade gestrichen wird.

Crêpes mit geräuchertem Schellfisch *Saftige Fischstücke, in einer üppigen Käsesauce und in Crepês eingerollt: lecker! Nach Belieben mit festfleischigem, ungeräuchertem Weißfisch zubereiten.*

VORBEREITUNG: 40 Min.
ZUBEREITUNG: 50 Min.
ERGIBT 4 Portionen

125 g Mehl

1 Ei

300 ml Milch, zusätzl. 4 EL

450 g geräucherter Schellfisch (natur, nicht gefärbt)

Erdnussöl zum Ausbacken

200 g junger Spinat

Käsesauce (siehe S. 18)

25 g Parmesan, gerieben

Salz und Pfeffer

1 Mehl, Ei und 150 ml Milch in einer Schüssel glatt rühren. Weitere 150 ml Milch untermischen.

2 Fisch in 4 EL Milch in einer Pfanne abgedeckt 8–10 Min. garen. Abkühlen lassen.

3 Etwas Öl in einer Crêpe-Pfanne erhitzen, bis es raucht. Überschüssiges Öl abschöpfen und etwas Teig in die Pfanne geben. Pfanne schwenken, um den ganzen Boden zu bedecken. Sobald die Ränder sich wellen und der Crêpe auf der Unterseite durch ist, wenden und die andere Seite kurz backen. Auf einen Teller gleiten lassen und übrige Crêpes ebenso backen.

4 Spinat in einem abgedeckten Topf mit 1 EL Wasser zusammenfallen und dann abtropfen lassen. Fisch zerteilen, dabei häuten und Gräten entfernen. 1/3 der Käsesauce beiseite stellen und den Fisch unter die übrige rühren.

5 Crêpes mit Spinat belegen und etwas Fischsauce in die Mitte geben. Leicht würzen. Aufrollen und nebeneinander in eine flache ofenfeste Form geben. Restliche Sauce darüber geben und mit Parmesan bestreuen. 20–25 Min. im vorgeheizten Ofen bei 190 °C (Gas Stufe 5) backen.

Crêpes mit geräuchertem Schellfisch

Räuchermakrelen-Pâté

Diese Pâté ist unglaublich vielseitig. Statt der Markelen kann man anderen konservierten Fisch nehmen, wie geräucherte Forelle, Lachs oder Aal oder sogar eingelegte Sardinen. Die Zutaten werden mit der Küchenmaschine im Handumdrehen zu einer cremigen Paste gemixt, weswegen das Rezept sich anbietet, wenn Sie auf die Schnelle einen Snack oder eine Vorspeise brauchen.

ZUBEREITUNG: 5 Min.
ERGIBT 4–6 Portionen

300 geräucherte Makrelen

2 TL rosa oder grüne Pfefferkörner in Lake, abgespült und abgetropft

25 g Butter, geschmolzen

2 EL Limettensaft

200 g Frischkäse

Salz

Seehasenrogen zum Garnieren (nach Belieben)

Brunnenkresse und Toast zum Servieren

1 Fisch häuten und zerteilt in die Küchenmaschine geben. Pfefferkörner dazugeben und zu einer glatten Paste mixen.

2 Butter, Limettensaft und Frischkäse dazugeben und zu einer dicken, cremigen Paste mixen. Ggf. Reste vom Rand der Schüssel kratzen.

3 Abschmecken und Pâté in eine große Schüssel oder mehrere Schälchen füllen. Nach Belieben mit Seehasenrogen garnieren und mit Brunnenkresse und Toast servieren.

Lachs in Dillmarinade *Für dieses beliebte skandinavische Gericht wird Lachs in eine köstliche, süßliche Dillmarinade eingelegt. Zwei bis drei Tage im Voraus zubereiten und als Vor- oder Hauptspeise mit Roggen- oder Vollkornbrot servieren.*

VORBEREITUNG: 20 Min.
zzgl. Marinierzeit
ERGIBT 8–10 Portionen

2 Lachsfilets aus der Mitte, je ca. 500 g, geschuppt und entgrätet

25 g gehackter Dill

40 g grobes Meersalz

50 g Zucker

2 EL schwarze Pfefferkörner, zerdrückt

Sauce:

2 EL französischer brauner Senf

4 EL Zucker

4 EL gehackter Dill

100 ml Mayonnaise (siehe S. 20)

1 Ein Lachsfilet mit der Hautseite nach unten in eine flache Schüssel (kein Metall) legen. Dill, Salz, Zucker und Pfefferkörner mischen und über den Fisch streuen. Das zweite Filet mit der Hautseite nach oben darauf legen.

2 Die Schüssel mit Alufolie abdecken, ein kleines Tablett oder einen Teller darauf stellen und mit mehreren Küchengewichten oder vollen Konservendosen beschweren. 48–72 Std. ziehen lassen. Den Fisch dabei ein- bis zweimal täglich wenden und den austretenden Saft über den Fisch gießen.

3 Für die Sauce alle Zutaten vermischen und in eine kleine Servierschüssel füllen.

4 Zum Servieren ein Lachsfilet auf ein Schneidebrett legen. Mit einem sehr scharfen Messer sehr feine, schräge Scheiben schneiden, die nicht dicker als die von geräuchertem Lachs sein sollten. Mit der Sauce servieren.

Kedgeree aus Räucherhering *Kedgeree wird normalerweise mit geräuchertem Schellfisch gemacht, klappt aber mit fast jeder Art von geräuchertem Fisch. Schauen Sie also nach dem besten Angebot.*

VORBEREITUNG: 15 Min.

ZUBEREITUNG: 15 Min.

ERGIBT 4 Portionen

250 g Basmati-Reis
4 Eier
625 g Räucherhering (Bückling)
2 TL Fenchelsamen
8 Kardamomkapseln
65 g Butter
1 Zwiebel, fein gehackt
1 TL gemahlene Kurkuma
1 Zimtstange
4 EL gehackte Petersilie
Salz und Pfeffer
Zitronen- oder Limettenspalten zum Servieren

1 Reis in reichlich kochendem Wasser in ca. 10 Min. weich kochen. Eier in einen anderen Topf geben, mit frisch aufgekochtem Wasser bedecken und aufkochen. 5 Min. köcheln lassen. Reis und Eier abgießen.

2 In der Zwischenzeit den Hering in eine Pfanne geben, mit heißem Wasser gerade bedecken und 5 Min. köcheln lassen. Abtropfen. Wenn der Fisch genügend abgekühlt ist, grob zerteilen. Dabei häuten und Gräten entfernen. Gekochte Eier schälen und vierteln.

3 Mit Mörser und Stößel Fenchelsamen und Kardamomkapseln zerstoßen. Kapseln entfernen und nur die Samen verwenden.

4 Die Butter in einer Pfanne zerlassen und Zwiebeln und alle Gewürze 5 Min. andünsten. Reis, Fisch, Eier und Petersilie unterrühren und abschmecken. Mit Zitronen- oder Limettenspalten servieren.

Kedgeree aus Räucherhering

Geräucherte Forelle mit Gurkensalat *Hier werden verschiedene Geschmacksnoten aufs Beste verbunden. Das Gericht ist einfach zuzubereiten und bietet sich besonders an, wenn Sie Gerichte mögen, die Lust auf mehr machen. Schmeckt bei einem gemütlichen Mittagessen oder als leichte Vorspeise, wenn noch andere, üppige Gerichte folgen.*

ZUBEREITUNG: 10 Min. zzgl. Zeit zum Ziehen
ERGIBT 4 Portionen

1 mittlere Gurke von ca. 500 g
2 TL Salz
2 EL Zucker
4 EL Weißweinessig
3 EL gehackter Dill oder Estragon
250 g geräuchertes Forellenfilet
2 Frühlingszwiebeln, in feinen Ringen
Pfeffer

1 Gurke schälen und in feine Scheiben schneiden. In ein Sieb schichten. Jeweils nach einigen Lagen mit etwas Salz bestreuen. 30 Min. ziehen lassen.

2 Sieb in kaltes Wasser tauchen, um das Salz abzuspülen. Vollständig abtropfen lassen. Zucker, Essig und Dill oder Estragon mischen.

3 Gurkenscheiben mit der Kräutermischung vermengen und bis zum Servieren kühl stellen.

4 Den Gurkensalat auf Tellern anrichten. Forellenfilets in große Stücke teilen und zusammen mit den Frühlingszwiebeln auf den Salat geben. Etwas pfeffern und servieren.

Marinierte Heringe mit Bohnensalat *Ein toller Snack oder eine gute Vorspeise, wenn Sie ganz frische, üppige Heringe zur Hand haben. Die säuerliche Marinade macht den Fisch haltbarer, weswegen Sie ihn bis zu drei Tage im Kühlschrank aufbewahren können.*

VORBEREITUNG: 10 Min. zzgl. Kühlzeit
ZUBEREITUNG: 3 Min.
ERGIBT 4 Portionen

4 Heringe, filetiert
200 ml Apfelweinessig
2 TL Salz
4 EL Zucker
1 TL Koriandersamen, zerdrückt
1 TL Senfsamen, zerdrückt
1 Prise gemahlener Piment
2 Lorbeerblätter
4 Frühlingszwiebeln, zerkleinert
400 g grüne Bohnen aus der Dose, abgespült und abgetropft
4 EL gehackte Petersilie
1 EL gehackte Minze
knuspriges Brot zum Servieren

1 Heringfilets halbieren und in eine flache Schüssel (kein Metall) legen.

2 Essig, Salz, Zucker, Gewürze und Lorbeerblätter in einen Topf geben und unter Rühren gerade aufkochen lassen, bis der Zucker sich aufgelöst hat. Marinade über den Fisch gießen und vollständig abkühlen lassen.

3 Frühlingszwiebeln, Bohnen, Petersilie und Minze unterrühren. Abdecken und für bis zu 3 Tage kühl stellen. Dazu knuspriges Brot reichen, um die Sauce aufzutunken.

Index

Danksagung

Fotografie © Octopus Publishing Group Ltd / Stephen Conroy

Herausgeber Sarah Ford

Redaktion Emma Pattison

Executive Art Editor Penny Stock

Graphik Geoff Borin

Herstellung Martin Croshaw

Food Stylistin Joanna Farrow

Background Styling Liz Hippisley